Ms Sincères Condoléances
espérant vous voir à
votre retour
Gisèle Edoa

CE PAYS DES HOMMES SANS DIEU

JEAN-MARIE ROUART
de l'Académie française

CE PAYS DES HOMMES SANS DIEU

BOUQUINS

essai

92, avenue de France 75013 Paris
ISBN : 978-2-38292-013-8
Dépôt légal : mai 2021

1

La croisée des chemins

> « Lorsque l'incrédulité devient une foi,
> elle est moins raisonnable
> qu'une religion. »
>
> Jacques Rigaut

En ce mois de mai, le temps était doux, chargé des effluves parfumés de la campagne où se mêlaient le ciste, la lavande sauvage, les arômes plus poivrés de l'origan, et une brise salée venue de la mer, étincelante sous l'ardent soleil de midi. Selon le vent d'autres odeurs moins suaves, pestilentielles, remontaient le long des remparts. Des cadavres pourrissaient que se partageaient les chacals et les chiens errants. Au loin apparaissaient les rives de l'Ellespont et les forêts de pins de Chalcédoine. La voile ocre d'une galiote intrépide filait sous le vent, semblant bondir sur les flots, semblable à ces milliers d'hirondelles qui virevoltaient dans le ciel comme ivres de liberté. Les yeux se fixaient invariablement vers l'horizon dans l'espoir de voir une flotte surgir. Car de la terre rouge rien de bon ne pouvait survenir. On s'abîmait les yeux à force d'imaginer ce secours. Mais les prières les plus ferventes semblaient impuissantes à susciter un miracle. On entendait les chants psalmodiés qui s'échappaient de la porte des églises avec des fragrances d'encens.

Dans la cathédrale Sainte-Sophie, des débats théologiques opposaient entre eux les docteurs de la loi et les prélats, sous l'œil courroucé du patriarche que sa barbe et son maintien hiératique faisaient ressembler à Dieu le Père tentant de calmer la tempête. Tous ces religieux semblaient indifférents aux angoisses de la foule. Ils ratiocinaient, voulant résoudre des questions d'une subtilité asiatique. Non pas qu'ils ne soient accessibles eux aussi à la peur, mais ils avaient conscience que leur sort, le leur, celui de leur ville, de la foi qu'ils proclamaient, n'était plus du ressort des hommes en armes, mais d'une équation religieuse aussi difficile à résoudre qu'une aporie. Se doutaient-ils que l'avenir se soucierait moins de leurs efforts et de leur sacrifice que de l'inanité de leurs débats. Que loin de tenter de les comprendre, on les tournerait en ridicule, disant qu'ils se préoccupaient du sexe des anges.

Pourtant c'était là, dans cet imbroglio théologique, que gisait le fond du problème. On perd des guerres faute d'armes, faute de soldats, de murailles imprenables, mais aussi faute d'un secours salvateur.

Et là ils s'étaient condamnés à la solitude. Par orgueil, ce péché suprême condamné par Dieu, ils s'étaient séparés de l'Église romaine, devenant des schismatiques. Par une trop grande surestimation du pouvoir de leur foi face aux dangers, ils n'avaient d'autre issue que d'accepter leur sacrifice. Imaginaient-ils à quel point il serait terrible ? Ils ne seraient l'objet d'aucune pitié, leur ville serait livrée à toutes les fureurs sanguinaires d'une soldatesque ivre de vengeance ; les femmes seraient violées, les hommes et les enfants égorgés ; les autels brisés et, durant trois horribles journées de pillages, on assisterait à toutes les exactions dont peuvent se montrer capables des troupes déchaînées. Se doutaient-ils que leur sang rougirait longtemps les eaux du Bosphore ? Et qu'au-delà d'eux-mêmes allait disparaître pour près de cinq cents ans la présence chrétienne sur les rivages orientaux de la Méditerranée.

Nous sommes la veille du 29 mai 1453. Constantinople tombera demain. Et nous à la veille de quoi sommes-nous ?

Qui ne pressent que nous sommes à la croisée des chemins. Que l'ordre qui nous régit ne pourra pas durer en l'état. L'islam est à notre porte. De quelque manière qu'on aborde ce sujet, il pose un problème d'autant plus délicat à résoudre que nous avons du mal à l'aborder sur le fond. En effet nous avons pris l'habitude en France de nier l'existence du fait religieux, de le regarder d'un œil tantôt indifférent, tantôt suspicieux comme le vestige d'une arriération sinon mentale, du moins philosophique. Beaucoup acceptent de coexister avec les religions, sans pour autant faire l'effort de les comprendre ni même tenter de mesurer leur importance. Il y a depuis la Révolution une hostilité déclarée de militants laïcs qui, héritiers de Voltaire et des Lumières, continuent de mener le combat anticlérical contre «l'infâme» et la «calotte».

La France, autrefois considérée comme «la fille aînée de l'Église», se veut aujourd'hui le parangon de la laïcité. S'émanciper de la tutelle religieuse, c'est sa manière de se sentir adulte. Elle est fière de son modèle et le considère, à son habitude universaliste, comme devant servir d'exemple au monde. Il est de peu d'importance pour les gouvernants français de se dire que la France est l'un des rares pays au monde à ne pas tenir compte de Dieu dans ses proclamations. Les États-Unis où le président nouvellement élu prête serment sur la Bible et demande à Dieu de l'aider dans sa mission ; l'Angleterre dont la devise est : «Dieu et mon droit» et où la reine s'adressant à son peuple n'hésite pas à écrire : «J'ai été très reconnaissante à vous pour vos prières et à Dieu pour son amour. J'ai vu sa fidélité» ; l'Allemagne dont le préambule de la loi fondamentale précise que le peuple allemand est «conscient de sa responsabilité devant Dieu», et presque tous les pays européens comme le Luxembourg, dont la Constitution se termine par : «Ainsi Dieu me soit en aide », n'éprouvent pas le besoin d'en faire l'économie. C'est encore une forme de l'exception française.

Certes la menace qui pèse sur la France est loin d'être du même ordre que celle qu'ont connue les Byzantins assiégés. Même si nous ressentons durement les attaques des terroristes islamistes, que ce soit contre *Charlie Hebdo*, le Bataclan, l'assassinat du père Hamel ou de fidèles dans les églises, ces actes barbares semblent n'être le fait que d'extrémistes fanatiques. Ils ne recueillent pas l'adhésion de la communauté musulmane. On peut évaluer les cas dangereux à quelques centaines, voire un millier, un nombre dont il faut relativiser l'importance quand on sait que les musulmans sont près de six millions sur le territoire français. Il n'empêche que ces attentats instaurent un climat délétère. Climat associé à une prévention historique contre l'islam, à un véritable problème d'immigration, d'intégration sociale et religieuse, qui participent à créer un sentiment de défiance et d'insécurité.

Mais ce problème, le gouvernement, les pouvoirs publics, les Français l'abordent-ils avec la clairvoyance nécessaire ? Ne sommes-nous pas aveuglés par ce que nous sommes devenus ? Ne mésestimons-nous pas nos carences et nos faiblesses ? L'islam n'est-il pas d'une certaine façon le révélateur de nos failles et de la fragilité de notre assise aussi bien philosophique que morale ?

Ne nous y trompons pas : l'islam, à travers une croyance, propose un modèle de société. Mais notre propre société, ce qu'on peut encore appeler la civilisation française, car elle se distingue dans sa conception des autres civilisations, est-elle aujourd'hui assez forte, assez cohérente, pour affronter sinon un ennemi du moins un concurrent qui n'est, lui, assailli par aucun doute. Ce qui est loin d'être notre cas. En un mot, le danger que fait courir un islam fort de ses convictions n'est-il pas la conséquence de notre faiblesse ? Croyons-nous encore en nous-mêmes ?

Et comment ne douterions-nous pas de nous-mêmes ? Les Français ne sont-ils pas pétris de contradictions ? Ballottés par une histoire tourmentée, ayant subi des régimes politiques les plus opposés, des expériences sociales contraires, ils ont vécu tout au long des siècles dans un chahut d'idées et de valeurs, tout en gardant par miracle une forme de cohérence. À la fois monarchistes et républicains, anarchistes et conservateurs, chrétiens et athées, étatiques et libéraux, épris autant d'égalité que de méritocratie, ils sont passés allègrement du despotisme à la démocratie en admirant tout autant Léon Blum que Napoléon, Jaurès que de Gaulle. Ces contradictions, en faisant éclater toutes les formes de pouvoir, ont peu à peu discrédité toutes les hiérarchies qu'elles soient morales, sociales ou intellectuelles. Les Français sont en tous points gagnés par le scepticisme. Ils semblent vivre dans une mystérieuse attente de ce qui les délivrera de leurs incertitudes.

Comme dans toutes les périodes de crise, l'air du temps devrait les incliner à une réflexion sur eux-mêmes. Autant sur ce qu'ils sont que sur ce qu'ils ont été, données qui sont étroitement liées. Même si les liens qu'ils entretiennent avec ce passé se sont distendus, une sorte de panique paralyse la réflexion sur les grands enjeux. Nous nous contentons de nous obnubiler sur des épiphénomènes. Les symptômes d'une maladie dont nous ne voulons pas nous avouer qu'elle est grave de crainte d'apprendre qu'elle est en effet mortelle. D'où tant de passions qui obscurcissent notre vue et troublent le jugement.

Nous avons tendance à vivre et à penser dans un éternel présent. Notre progressisme, valeur suprême des temps modernes, nous fait croire à une valeur absolue de ce présent, jusqu'à le rendre incomparable. C'est d'ailleurs un trait commun à toutes les sociétés qui vivent dans un temps court, à l'échelle d'une vie humaine. Et l'esprit s'adapte à cet espace parce que c'est aussi ce que réclame l'action, qui n'a que faire de voir la vie du point de vue de Sirius ou *sub specie aeternitatis*. Nous nous intéressons à un avenir proche et très peu aux faillites lointaines. D'autant que ce n'est pas une crise que nous traversons, celle-ci s'insère elle-même dans ce malaise de la civilisation dont parlait Freud ou dans le déclin de l'Occident décrit par Oswald Spengler.

Aujourd'hui rien n'apparaît plus important que la liberté. Nous sommes tous des petits-enfants de Rousseau, qui voulait modeler le monde selon ses désirs, ses passions, ses frustrations, sans aucune contrainte afin d'épanouir son moi insatiable. Mais nous ne vivons pas seuls. Nous appartenons à une société qui théoriquement doit s'inspirer d'un principe transcendant. Peut-on s'en dispenser? Là est toute la question. Certains considérant qu'il s'agit d'une époque révolue de l'humanité croient qu'on peut s'en passer. Pourquoi alors toutes les sociétés humaines se sont-elles constituées autour d'une religion? Qu'on ait adoré Mazda comme les Perses et les Zoroastriens; Anubis, Hathor, Amon, Horus, comme les Égyptiens; Brahma, Vishnou comme les Indous; le dieu Soleil comme les Aztèques; Yahvé, Jésus ou Mahomet, ces croyances induisaient des pratiques religieuses et développaient des lois, des valeurs, un système social, des mœurs et des cultes. Certes la pratique et l'usure pouvaient les banaliser, elles n'en donnaient pas moins à ces sociétés une essence religieuse. Mais toutes ces religions sont humaines donc mortelles. Régulièrement, à l'échelle des millénaires, les idoles sont renversées, les autels désacralisés, les cultes abandonnés. À l'instar de l'amour, ils sont vite remplacés par une croyance et un culte qui les supplante. Tant est vif dans le cœur des hommes et des femmes le besoin de croire.

Qui aurait pu prédire le crépuscule de la religion des Égyptiens, celle des Zoroastriens si ancrée dans les profondeurs de la Perse, ni la fin des mythologies de la Grèce ou de Rome qui, donnant au polythéisme une fabuleuse orchestration poétique, semblaient si bien convenir à ces peuples épris d'enchantements.

Et nous ? Ne sommes-nous pas à la veille d'un chambardement de civilisation semblable qui emportera le christianisme (ce qui est déjà à moitié fait), mais surtout avec lui la civilisation qu'il a produite : une façon de penser, une sensibilité, des lois, des mœurs ? Ne sommes-nous pas comme ces Byzantins, espérant un miracle, qui se chamaillaient tout en observant avec fatalisme la flotte ennemie dans la mer de Marmara qui allait les ravager ?

En fait nous réagissons collectivement comme un individu qui, pris par ses occupations, s'attache aux péripéties de la vie quotidienne, aux tracas domestiques, se formalisant d'un mot blessant, se montant la tête à propos d'un incident mineur, qui ignore qu'une main dans l'ombre s'apprête à le frapper : il pense à mille choses futiles, comme le Ivan Ilitch de Tolstoï, sans savoir que dans un instant tout cela n'aura pas plus d'importance. Ne sommes-nous pas cet homme ou cette femme, si humains dans leur inconséquence, qui s'agitent sans avoir pris conscience de la tragédie dans laquelle inéluctablement va s'insérer leur destin. Ils vont disparaître et avec eux le monde qu'ils ont aimé. Le parfum d'une civilisation qu'ils auront respiré pendant deux mille ans se sera dissipé. Au regard du temps, qu'est-ce que deux mille ans : l'espace d'un rêve.

C'est là qu'apparaît le risque d'un grand bouleversement religieux. Certes non pas à l'échelle de quelques années, mais dans trente, quarante ans, quand le monde musulman en France aura démocratiquement progressé de manière exponentielle. D'autant que, comme nous l'apprend l'histoire, les périodes d'extrême liberté frisant l'anarchie suscitent souvent une aspiration à la servitude. Pour ces raisons l'islam risque alors d'apparaître comme une issue morale et une planche de salut spirituelle pour ceux que le christianisme aura déçus ou ne convaincra plus sans pour autant qu'ils adhèrent au culte laïc. Et ce serait alors une autre révolution, une recomposition complète de nos valeurs et de nos institutions.

La grande interrogation aujourd'hui est donc double : la société française, si fragile et débordée, est-elle en mesure d'apporter un contre-projet efficace face à la menace de l'islam ? La loi sur le séparatisme n'aborde qu'une partie de la question en la noyant dans un ensemble. En stigmatisant les extrémismes religieux, le projet de loi englobe dans un même discrédit l'islamisme extrémiste et l'héritage judéo-chrétien qui fonde notre civilisation. Or cet héritage, qu'on soit croyant ou non, on est obligé d'admettre qu'il a profondément pétri la pâte française, pays religieux par excellence : c'est de lui que proviennent nos valeurs, notre culture, notre sensibilité, y compris l'idée même de laïcité. Plutôt que de se montrer méfiant, voire hostile, vis-à-vis de cet acquis culturel judéo-chrétien d'une extraordinaire richesse morale et spirituelle, artistique et littéraire, ne vaut-il pas mieux le revendiquer pour offrir aux musulmans de France un modèle qu'ils puissent admirer et auquel ils puissent, par là même, adhérer ?

2

Un chrétien déchiré

> « La concupiscence, ce lien si tendre
> et si violent qui relie l'âme au corps. »
>
> Bossuet

J'ai baigné dans le christianisme. Comme aurais-je pu échapper à son affectueuse et douce emprise ? Un christianisme tout sentimental et artistique. Mon père, qui était peintre, m'a représenté en enfant Jésus, au milieu d'anges aux longues ailes qui évoquaient le visage de ma mère et de sa sœur. Aussi ce christianisme m'est-il apparu toujours entouré de poésie. Fatalité familiale car mon grand-père, revenu avec ses frères de la libre pensée, s'était converti vers 1900, puis dans son ardeur de néophyte avait réveillé de son long sommeil avec le soutien du père Janvier, le tiers ordre dominicain. Dans le même élan il devait créer une maison d'édition, place Saint-Sulpice, l'Art catholique, pour mener une furieuse croisade contre le mièvre et très peu artistique art saint-sulpicien qui avait diffusé ses fades images depuis la fin du XIXe siècle : renouant avec les fresquistes et les grands peintres de la Renaissance et les statuaires du Moyen Âge, il fit reproduire et publier des nativités et des crucifixions de Fra Angelico, de Filippino Lippi, du Tintoret, de Véronèse, du Greco, autant que les figures de l'ange de Reims ou celui du Lude.

Voulant aussi secouer un catholicisme morne, il publia les premiers ouvrages du jeune Jacques Maritain, *Le Chemin de la Croix* de Claudel, ainsi que les réflexions sur l'art sacré de Maurice Denis. Il découvrit un talentueux sculpteur, Fernand Py, auteur de fameuses crèches inspirées des créations naïves du Moyen Âge. Les personnages de ces crèches, Jésus, Marie, Joseph, les Rois mages, devenaient des compagnons familiers puisque toute la famille à l'approche de Noël devait peindre ces figurines de plâtre pour les sortir de leur état de fantôme et leur donner le lustre et l'éclat de couleurs chatoyantes.

Aussi ma scolarité fut-elle accompagnée de prêtres en soutane à l'ombre de l'église Saint-François-Xavier. C'était l'époque de ma première communion et je me souviens avec émotion de cette cérémonie au cours de laquelle, agenouillé dans le petit matin sur le pavé froid de l'église, j'éprouvais cette torpeur et cette transe de la foi que j'imaginais être celle des premiers chrétiens des catacombes. Quelque chose de grisant qui m'arrachait à moi-même comme l'amour. Je succombais même à la vocation de devenir missionnaire après une visite à la chapelle des Missions étrangères de la rue du Bac où l'exposition des ossements, tibias, crânes, des missionnaires massacrés durant leur sacerdoce avait hautement excité mon imagination. Comme quoi les images de martyrs suscitent plus de vocations que le spectacle des vies paisibles. Mais vers ma quinzième année, les extases de l'amour remplirent le vide que la disparition subite de ma foi avait laissé dans mon cœur. Dès lors, dans un curieux syncrétisme, j'associais la foi aux affres et aux bonheurs de l'amour. N'avaient-ils pas en partage, les doutes, les ferveurs et les souffrances, que je devais retrouver plus tard dans les exaltations tout aussi passionnées et douloureuses de la création littéraire ? Par de mystérieux chemins ces ersatz me ramenaient à ma foi perdue. Que d'alchimies bizarres s'élaborent dans un cœur.

Bien des années plus tard, j'échouais dans l'île de Samos, dans le village de Pythagorion, hébergé dans un petit monastère, le Spiliani, perché à flanc de montagne, construit sur les remparts éboulés de la forteresse de Denys, le tyran de Samos. Là, un ermite orthodoxe, un « papas », à la longue barbe blanche, m'accueillit comme un fils. Il m'offrit une vaste chambre d'une austérité monacale. J'y menais une vie sans luxe, si ce n'est la magnifique vue sur la mer Égée et sur la Turquie dont la rive inquiétante s'élevait à l'horizon. Je vécus dans la compagnie d'un figuier de barbarie aussi épineux que la barbe hirsute du papas, d'une grotte qui abritait une source d'eau miraculeuse et, jouxtant ma chambre, une chapelle aux murs couverts d'icônes, toute resplendissante d'objets liturgiques surdorés d'où me parvenaient au petit matin l'odeur suave de l'encens et les psalmodies tonitruantes du papas, menacé de surdité. Je m'éveillais dans cet enchantement des sens. Dès lors tout se mêla dans ce lieu surchauffé sous les castagnettes incessantes des criquets et des cigales : l'angoisse liée à l'écriture de ce premier roman, la morsure de la solitude lorsque le soir tombait après que le soleil eut incendié la mer. Dans la journée durant les récréations que je m'accordais, je me réfugiais dans la fraîcheur de la grotte, puis j'aidais le papa à confectionner des cierges, et en fin de journée je m'asseyais sur un banc rustique, en face de lui, devant la mer, et nous échangions des signes d'amitié, dans une langue muette que nous comprenions pourtant et qui établissait entre nous un lien beaucoup plus fort que de vaines paroles.

Je terminais mon roman, ce qui ne mit pas fin à mes angoisses. Mais dès lors j'associai le processus de la création littéraire, ses joies et ses appréhensions, ses doutes et sa quête d'ineffable, à une aspiration religieuse. La pratique de l'art m'apparut comme le canal de dérivation d'une foi perdue.

Plus tard encore, je sentis à nouveau vibrer mon âme chrétienne à l'occasion de mon engagement en faveur d'Omar Raddad, le jardinier marocain : j'étais devant un tribunal, à la 17e chambre correctionnelle de Paris, inculpé de diffamation. Je crois qu'il n'est aucun lieu comme un tribunal, sa componction arrogante, son apparence solennelle, son faux air d'impartialité, pour nous rappeler le drame du Christ. Le simple mot de justice résonne très fort pour un chrétien. Il sait que son aspiration à la justice provient directement de cette injustice fondatrice qu'est la condamnation de Jésus. Il en garde à jamais une compassion pour le condamné. Le prévenu, quels que soient ses droits, son statut, est nu. Tout ce qu'il dit peut être retenu contre lui. Jeu cruel qui ne laisse aucune chance. Mais dans le désespoir qu'il ressent en comprenant que jamais sa parole ne sera entendue brille une lumière surnaturelle. Jésus est là. Il l'accompagne. En face de ceux qui ne comprennent pas, qui ne veulent pas comprendre, puisqu'ils veulent condamner, il est la présence amie, la lumière bienveillante.

Je me sentais peu à peu immunisé. Cette souffrance que je partageais avec Omar Raddad, qui était, lui, la vraie victime d'une injustice, il me semblait qu'il suffisait que je l'élargisse pour ne plus en éprouver les brûlures. Et c'est par Jésus, grâce à lui, à la communion des saints, que j'acceptais mon sort comme banal. Je n'étais plus moi, j'étais l'homme universel qui souffre dont Jésus a pris la place.

Le martyre des moines de Tibhirine à la même époque réveilla brutalement en moi cette sensation d'appartenance chrétienne. Leur mort, quels que fussent ceux qui la leur infligèrent, me parut un symbole d'une force extraordinaire propre à soulever d'enthousiasme la communauté des chrétiens. Je ne suis pas seul à l'avoir ressenti ainsi. Pourtant dans l'Église on manifesta beaucoup de réticence. Ces moines suscitaient des objections : n'allaient-ils pas en terre d'islam reprendre une mission obsolète : le sacerdoce évangélique des missionnaires et des martyrs ? L'œcuménisme laissait-il la place à ce type d'apostolat ? J'étais, je l'avoue, surpris du silence de l'Église. J'avais l'impression que les pierres allaient crier. Et je ne compris pas plus la signification du geste du cardinal Lustiger éteignant, à l'annonce de leur mort, les cierges allumés à Notre-Dame. Pour moi ces cierges ne sont pas éteints, ils ne le seront jamais.

Ces fortes réminiscences chrétiennes m'aidèrent par la suite à surmonter ces épreuves que chacun connaît. Par quoi remplacer la prière ? Chrétien, mais pas très catholique, je l'avoue, tenté par l'agnosticisme, mais croyant toujours aux forces de l'esprit, au surnaturel, je ne peux m'empêcher de croire à la survie de l'âme. Et je crois avec encore plus de ferveur encore au secours que nous apporte le Christ ici-bas. Lui seul, parce qu'il incarne le plus beau mythe humain, est capable de donner un sens à nos souffrances et de nous aider par son exemple à accepter l'adversité qui frappe nos vies. Avouerais-je, pour aggraver mon cas, que je crois déraisonnablement en la Providence. Une réflexion du cardinal Ratzinger dans son livre *Le Sel de la terre* résonne étrangement en moi. Ce qu'il dit je pourrais l'écrire : « Je suis très fermement persuadé que Dieu nous voit réellement et qu'il nous laisse notre liberté – et pourtant il nous conduit aussi. J'observe souvent que des choses qui vous paraissaient tout d'abord contrariantes, dangereuses, désagréables deviennent positives à un moment donné. On s'aperçoit soudain que c'était bien ainsi. Que c'était un bon chemin. Pour moi, d'un point de vue pratique, cela signifie que ma vie ne se compose pas de hasards, mais que quelqu'un prévoit et me précède et pense à moi d'avance et arrange ma vie. Je peux me refuser à cela, mais je peux aussi l'accepter et je remarque alors que je suis vraiment conduit par une lumière prévoyante. »

Je ne cherche à convertir personne au charme d'une croyance en l'au-delà sinon en Dieu du moins dans une espérance. Dans les moments de souffrance, j'ai trop imploré de divinités mystérieuses de venir à mon secours, des anges gardiens, sainte Rita, patronne des causes désespérées, ou des mânes d'êtres chers depuis longtemps disparus mais qui continuent de m'accompagner, pour me délivrer de ma croyance dans le surnaturel. Je crois qu'il y a un autre monde qui nous adresse des signes que nous ne comprenons pas toujours. J'ai la conviction que notre destin est inscrit non pas tant selon nos mérites que grâce à une forme de providence dont je serais bien incapable de deviner le sens.

Mais bien au-delà de cet esprit agnostique, ce qui m'attache de toutes mes fibres au christianisme, c'est à travers le message et l'exemple du Christ, l'exceptionnel apport dont il a enrichi notre civilisation, particulièrement la civilisation française. C'est elle que je voudrais qu'on défende. Certes elle a aiguisé notre sensibilité au péché, stimulé avec peut-être trop d'ardeur notre culpabilité, introduisant dans la sociabilité une conscience du mal fait aux autres. Surtout elle a introduit la notion de pardon et celle de la contrition ou même de l'attrition. Mais ces valeurs humaines ont eu l'avantage d'être formidablement orchestrées par l'Église dans la stimulation des arts. La peinture, la sculpture, la musique, la littérature, l'architecture ont illustré et soutenu l'Église après avoir été généreusement encouragées par elle. Pour être franc, je me trouve dans la situation paradoxale d'être un chrétien culturel, catholique approximatif et intermittent, mais défenseur d'un héritage qui constitue notre identité, nos valeurs civilisatrices. Ce qui me désole, c'est notre peu d'attachement à ce socle fondateur dont la disparition progressive risque d'ouvrir la porte à une autre aventure moins riche et moins glorieuse. Ou qui sait à l'islam ?

Mais pour tenter d'exprimer ce que je ressens en toute franchise sur cette question religieuse si propice au malentendu, j'avoue que c'est chez Renan que j'ai trouvé l'expression la plus proche de ce que j'éprouve. Une vision à la fois tolérante et souple qui hisse le besoin de croire à sa vraie place au-delà des rivalités confessionnelles : « Le mot de religion étant celui sous lequel s'est résumée jusqu'ici, aux yeux du plus grand nombre, la vie de l'esprit, un matérialisme grossier peut seul attaquer dans son essence ce besoin, heureusement éternel, de notre nature. L'homme qui prend la vie au sérieux et emploie son activité à la poursuite d'une fin généreuse, voilà l'homme religieux ; l'homme frivole, superficiel, sans moralité, voilà l'impie. Ceux qui adorent quelque chose sont frères ou certes moins ennemis que ceux qui n'obéissent qu'à l'intérêt, et prétendent avec des jouissances matérielles avoir raison des instincts divins du cœur de l'homme. Pour l'immense majorité des hommes, la religion établie est toute la part faite dans la vie au culte de l'idéal. Supprimer ou affaiblir dans les classes privées des autres moyens d'éducation ce grand et unique souvenir de noblesse, c'est rabaisser la nature humaine, et lui enlever le signe qui la distingue essentiellement de l'animal.»

Je ne connais pas de plus belle définition de l'aspiration religieuse.

3

Un monde antipathique au spirituel

«Rien ne peut être au-dessus
de l'homme.»

Emmanuel Macron

Plus chrétien culturel que catholique, sinon pratiquant, attaché aux racines et à la culture qui s'y rattachent, regrettant que notre époque se montre si antipathique au spirituel, je ne suis pas pour autant opposé à d'autres convictions. Bien au contraire je les comprends. Une mystérieuse fraternité relie les Français comme si, aussi séparés qu'ils fussent, ils avaient conscience de s'être trop abreuvés à une source commune pour ne pouvoir être totalement différents. J'aime Voltaire plus complexe qu'on ne l'imagine dans son agnosticisme; je comprends l'athée Stendhal, jacobin toujours en pétard contre la calotte; Rimbaud, le mystique à l'état sauvage; le bouffe-curés Mirbeau; le mécréant Flaubert; le païen

Maupassant; le communiste Aragon; l'agnostique Malraux obsédé par les spiritualités. Je suis bien évidemment du côté de l'épicurien Gauguin dans son combat à Tahiti contre les pasteurs rigoristes qui veulent faire fermer sa «Maison du Jouir».

Je les respecte infiniment même si leur éloignement du christianisme me semble souvent superficiel et lié aux circonstances. La passion de l'art ne peut jamais être complètement déconnectée des préoccupations spirituelles. De plus, étant français, ils baignent forcément dans une atmosphère imprégnée de spiritualité. C'est ce qui faisait dire à Romain Gary, athée mais converti au christianisme que le catholicisme était les «papiers d'identité français».

Et que dire de la dilection intellectuelle et littéraire que j'éprouve pour tous ces grands prométhéens, spinoziens, nietzschéens, qui s'érigent courageux, désespérés, héroïques, pour défier Dieu : Dieu auquel ils ne s'opposeraient avec autant de violence s'ils ne se sentaient pas en deuil de l'espérance. Leur révolte n'est qu'à la mesure de leur impuissance à croire. Car ces libertins savent l'inanité de la religion du plaisir, l'horrible limite de la sensualité, le désert d'une existence réduite à ses jouissances. Ce qu'ils frappent à travers Dieu, ce qui suscite leur colère, c'est de ne pouvoir en arracher l'obsession de leur cœur. Ce que cherche le damné, du moins celui qui se croit tel, c'est une impossible paix. Don Juan, Lovelace, Byron, Nietzsche, Schopenhauer,

Baudelaire, Camus, Roger Vaillant, constituent ce long cortège de révoltés qui se heurtent sans fin à eux-mêmes puisqu'il ne leur a pas été donné la grâce de s'ouvrir à un infini spirituel. Sinon par l'art.

Mais ces héros tragiques enfermés en eux-mêmes qui comme Wagner pourraient s'exclamer : « Le monde me doit ce dont mon art a besoin », ces errants à jamais exilés des douceurs de la croyance, ils peuvent être des artistes qu'on admire, des héros dont le courage fascine et qui suscitent des émules. En aucun cas ils ne peuvent s'ériger en constructeurs de société. Et c'est là le malentendu de nos États modernes : on voudrait demander aux philosophes et aux artistes des recettes pour construire la société. Cela ne peut aboutir qu'à un échec. Baudelaire et Rimbaud nous apportent un secours qui est proprement individuel ; ils nous aident à comprendre l'énigme de notre cœur et les désarrois de notre âme. Tenter de répondre aux aspirations d'une collectivité, de maintenir la balance entre ses composantes, de lui donner un cadre, est tout différent. Proposer ces prométhéens révoltés pour définir les contours d'une vie commune aboutit à cette forme d'échec qu'est l'incrédulité collective.

Pour cette raison et pour bien d'autres, le monde actuel semble manifester une hostilité tenace à tout ce qui constitue le christianisme, sa foi, sa culture, son histoire. Autour de nous aucune voix ne s'élève plus pour prêcher en sa faveur. Les prophètes de l'incrédulité au contraire abondent. Attachés curieusement à en détricoter ou à en pourfendre le message, ils s'ingénient à en exterminer les germes comme si ceux-ci s'opposaient à notre bonheur collectif. Nos Bossuet modernes s'appellent Ruquier ou Hanouna ; nos Massillon, Mbappé ou Jean-Pierre Pernaut ; nos Lamennais, Cyril Lignac ou Dany Boon. Quant à nos messes collectives, plus inspirées de Woodstock que des pèlerinages de Chartres, elles rassemblent leurs fidèles autour des concerts de rock, de rap, ou de rave-parties, pour célébrer les rites d'un néopaganisme incrédule, d'où n'émane aucun souci religieux. La musique, le corps, la drogue, le sexe, y sont des déités célébrées avec d'autant plus de ferveur qu'elles ne contiennent aucun principe de transcendance. La jouissance pour elle-même y tient lieu de tout. De morale, de but existentiel. La vie doit tout contenir. Au-delà d'elle, il semble pour ceux qui s'y adonnent qu'il n'existe aucun salut. La mort leur apparaît comme une faillite. Un mal contre lequel n'existe aucun remède.

De ce point de vue la société avancée est peut-être en recul par rapport aux tribus primitives qui sacralisaient tout autour d'elles. Le paganisme enserrait le monde dans un réseau de signes, de symboles et de mythes qui enchantaient la vie. La nature parlait une double langue, celle de l'utilité matérielle et celle de la croyance religieuse et poétique. Nous avons adopté l'idée inverse : rien n'est sacré. Les superstitions et les croyances qui enchantaient l'âme humaine sont traitées de fariboles. Du passé même on s'acharne à faire table rase puisqu'il paraît contenir toutes les erreurs dont nous sommes revenus. Notre dévotion va à ces précurseurs de l'incrédulité, à Voltaire ou à Diderot plutôt qu'à Pascal ou à Claudel.

La religion chrétienne dans cette perspective semble avoir été une conspiration contre le bonheur. Elle apparaît aujourd'hui comme une punition d'exister. En condamnant la concupiscence n'a-t-elle pas condamné l'amour à des déchirements et à la honte; en punissant le plaisir ne s'est-elle pas érigée en castratrice contre nature; en imposant une morale rigide n'a-t-elle pas refoulé les élans de tendresse qui sont les aliments nourriciers de l'âme; en imposant des lois répressives n'a-t-elle pas trahi l'Évangile tout en amour et en pardon; enfin l'Église en privilégiant ses intérêts n'a-t-elle pas méconnu les injustices commises contre les classes défavorisées? Contre les femmes? les homosexuels? les peuples révoltés?

L'histoire elle-même dans ce procès à l'Église semble plaider pour la cause des Lumières et la compromettre dans les répressions politiques du parti de l'ordre. Dans sa version républicaine et laïque, elle ne peut que vitupérer les actions de l'Église et ses responsabilités. Les croisades, l'Inquisition, les attaques contre les protestants ou les jansénistes, le martyre du chevalier de La Barre, ternissent une image que ne relèvent pas les anathèmes littéraires de l'abbé Bethléem, les soutiens au régime de Franco, à Videla, à Pinochet, ou encore aux pires décisions du régime de Vichy sans que le haut clergé n'élève la voix, contre le statut des juifs et leur déportation. Même si cinq évêques, Mgr Saliège, Mgr Théas, le père Bruno de Solages, le père capucin Dom Marie-Benoît, les sœurs bénédictines de Mas-Grenier et beaucoup qu'on ne peut tous citer préféreront rester fidèles à l'Évangile plutôt que d'obéir aux directives de l'épiscopat.

Enfin dernier grief, ce refus après beaucoup d'accommodements avec le monde moderne de céder sur l'épineuse question sexuelle : la contraception, le préservatif. L'avortement soulevant lui, de la même façon que la question du genre ou le mariage homosexuel, des problèmes théologiques de doctrine difficiles à résoudre. Il n'empêche que ces rejets retentissent dans l'opinion, à tort ou à raison, comme des vestiges d'une morale trop rigoriste, aveugle et sont vus comme un refus de prendre en compte des drames porteurs de beaucoup de souffrances humaines. Car l'Église, et c'est là peut-être un paradoxe, n'est pas seulement jugée par les catholiques qui pourraient entrer dans ses raisons, mais par l'opinion tout entière d'avance portée à la considérer comme rétrograde et réactionnaire. Comme si bizarrement cette opinion continuait de voir le catholicisme comme une religion d'État, ce qu'elle a cessé d'être depuis la Révolution.

Comme si ces griefs à eux seuls ne suffisaient pas, la question de la pédophilie est venue encore ternir l'image de l'Église. Bien qu'elle ne soit pas la seule institution à être victime de ce fléau, l'Éducation nationale, et divers organismes sociaux ont été pointés du doigt, le coup porté à l'image des prêtres est plus grave pour des hommes porteurs de fonctions sacrées, non seulement parce que les catholiques ont exacerbé, dans l'ordre du péché, de manière presque obsessionnelle, les préceptes condamnant la concupiscence et que dans le même temps certains d'entre eux orientaient cette concupiscence de manière particulièrement odieuse sur les enfants qu'ils avaient la mission de protéger. Responsabilité d'autant plus coupable que la législation concernant, dans ce domaine, les tribunaux ecclésiastiques a montré longtemps une absence de prise en compte de ces crimes, voire une indulgence, qui frisait une inquiétante mansuétude. Bien sûr ces cas, comme beaucoup d'autres scandales, tel celui du curé d'Uruffe, existent autant par leur horreur que par la publicité qui leur est donnée. On a vite fait d'incriminer le célibat des prêtres, et son caractère contre nature dans une société ultra-permissive, ce qui est une question d'un autre ordre.

Mais sans aller jusqu'à ces turpitudes, Graham Greene nous a montré dans *La Puissance et la Gloire* que les errements d'un prêtre ne disqualifient pas toujours son sacerdoce puisqu'il porte quelque chose de plus grand que lui-même. Mais ce qui a certainement été le pire adversaire du christianisme à l'époque moderne, c'est ce qu'un jésuite, le père de Lubac, a défini comme le drame de l'humanisme athée. Peut-on substituer l'homme au rôle dévolu à Dieu ? Idée d'autant plus séduisante et pernicieuse qu'elle établissait un lien profond avec l'essence humaine du christianisme. Mais en ôtant orgueilleusement l'idée de Dieu, on se privait du même coup de la transcendance, d'un principe spirituel, pour se concentrer dans les limites humaines. C'est un christianisme de façade dont on aurait gardé les effets tout en lui retirant sa substance essentielle. Et les réalisations de l'humanisme athée ont prouvé quels risques et quelles coupables déviations elles pouvaient faire courir. Si le positivisme d'Auguste Comte a eu une influence notable sur la perte d'audience et de crédit du christianisme, il n'a pas eu d'effets nuisibles. Cela n'est pas le cas des fascismes et du communisme qui ont égaré les peuples dans des illusions politiques tragiques, aboutissant à des crimes et à une effroyable servitude. Paradoxalement, sans la médiation de Dieu, ces idées ont tourné l'homme contre l'homme.

C'est cet humanisme athée dans sa tendance nietzschéenne qui a amené des hommes de culture comme Drieu la Rochelle, Brasillach ou Benoist-Méchin à emprunter la route du fascisme tandis qu'à l'opposé, Aragon, Paul Nizan, Sartre, prenaient la voie du communisme. Tandis que leur fidélité à la foi évangélique évitait à Mauriac, à Pierre-Henri Simon, à Emmanuel Mounier, ces voies dangereuses et les maintenait dans le respect de la personne humaine.

À ces renforts de l'incrédulité ne manquent ni les lourds bataillons du marxisme pour qui la religion est l'opium du peuple ni le travail de sape de la psychanalyse puisque Freud ne voit dans toute religion qu'une névrose obsessionnelle. Je me souviens d'un dialogue entre Jean Rostand et Jean Guitton, deux hautes intelligences, l'une austère, l'autre sémillante et facétieuse. Jean Rostand disait à Guitton : « Vous avez de la chance de croire en Dieu, ça vous dispense de penser à Lui. Moi j'y pense sans cesse. » Et il ajoutait devant ceux qui s'étonnaient qu'un athée convaincu éprouve si souvent le besoin de converser avec un croyant, ami du pape Paul VI : « Je ne crois pas, mais je préfère toujours parler avec des gens qui croient. » Tous deux plaçaient l'art, la beauté au-dessus de tout. C'était aussi le pont par lequel ils se rejoignaient.

L'âme chrétienne pour s'épanouir a besoin de beauté. Beauté morale, beauté artistique, beauté du monde. Il n'est pas certain que le monde d'aujourd'hui lui soit favorable. Ce ne sont pas tant les persécutions que l'on peut craindre, celles, abominables, que subissent les chrétiens d'Orient, qui rappelant les martyres des premiers chrétiens affermissent la foi, soudent les communautés. Il y a une autre sorte de danger qui tient aux formes qu'empruntent aussi bien la démocratie que l'économie libérale. Après avoir eu l'honneur d'être une personne, sommes-nous même des citoyens, ou plutôt des consommateurs dont les mœurs, la liberté d'action et de vivre, sont programmées sur le modèle des chiens de Pavlov ? Les entreprises multinationales ont implanté leur tyrannie mondiale sur les êtres qu'ils guident tels des marionnettistes vers des biens de consommation. Sans jouer les pères la vertu, la marchandisation du monde, le traitement des hommes comme des choses à des fins commerciales, créent les conditions d'une nouvelle religion matérialiste.

D'où la question : y a-t-il encore une place pour le religieux et la croyance ? Le monde rural avec ses buissons, ses futaies, ses bois et ses rivières, laissait la place à des rêveries. On pouvait imaginer des mystères qui eux-mêmes pouvaient susciter des légendes. La superstition diffuse créait un climat de crédulité. La nature offrait un terrain de jeu à la magie. Le terre-à-terre de la vie agricole avec ses servitudes faisait bon ménage avec l'irrationnel. Il y a tant de choses qui existent dans la nature et qu'on n'explique pas : les dons des puisatiers, des guérisseurs, des sorcières, tous ces secrets des plantations et de l'agriculture qui avaient à voir avec la lune.

Mais le monde se remplissant d'usines, de voitures, d'habitations, d'HLM, de gratte-ciel, accorde moins de place à ces rêveries où on laissait son cœur se bercer des mélodies de la nature. On ne peut imaginer la mythologie antique avec son culte de la nature, des oiseaux, des plantes, des rivières dans ce monde de barbelés. De même le christianisme qui évoluait dans les mystères du monde a du mal à exister avec une science qui perce les secrets de l'embryon, de l'ADN, qui manipule les gènes, pour qui l'origine de l'homme, celle du monde n'est plus une énigme mais une réalité scientifique.

Enfin l'instruction des masses remit en cause les vérités que les prêtres prêchaient à des foules crédules. Il y a comme une vaste conspiration de l'époque moderne à exclure le religieux et le merveilleux chrétien. Comment croire aux miracles à l'heure de la mécanique ondulatoire ; à l'Immaculée Conception quand on débat du genre ; à la Sainte Trinité quand on a marché sur la Lune ; à la résurrection du Christ à l'heure des transplantations cardiaques. Le monde d'aujourd'hui semble antipathique aux valeurs et aux enchantements du christianisme. C'est comme si ses lumières s'éteignaient doucement, mystérieusement rongées par ses propres fruits, gagnées par l'usure de l'habitude, dans une forme d'assoupissement mortel. Et pourtant ces lumières combien nécessaires, comme elles ont brillé avant de vaciller, et peut-être de nous abandonner à l'obscurité et au néant.

4

Un nouveau chant du monde

«Le Christ, c'était le premier balbutiement
de féminité, la première tentative
de douceur et de faiblesse.»

Romain Gary

Souvent avant un séisme, une éclipse du Soleil, ou une éruption volcanique, un profond silence se fait dans la nature. Silence assourdissant qui immobilise les animaux. Les oiseaux cessant leur chant, tout ce qui vit s'apprête instinctivement à subir un grand ébranlement. Il dut se faire un silence semblable dans le monde romain avant que n'apparaisse d'abord discrète, à peine perceptible, une mélodie irrésistible. Irrésistible car attendue, espérée, comme une ondée après une longue sécheresse. Et aussitôt les oiseaux se mirent à chanter, les rivières reprirent leurs cours. Pour une oreille subtile cette mélodie nouvelle n'était comparable à aucune autre. Comme si le monde avait un instant interrompu sa marche pour repartir sur un tempo nouveau.

N'entrons pas dans les élucubrations du providentialisme. Le christianisme est né parce qu'il devait naître, mais sa naissance et son essor ont été longuement préparés.

Le monde romain après tant de guerres civiles, de troubles, d'hésitations sur la forme de son pouvoir, semblait avec Auguste avoir trouvé enfin son assise durable. Fondé sur les solides valeurs de la cité, il s'appuyait sur des vertus guerrières austères comme ses principes civils. Moins enclins à la fantaisie que les Grecs qu'ils avaient vaincus mais dont ils admiraient la culture incomparable, les Romains trouvaient dans leur mythologie une croyance dans laquelle ce grand peuple pouvait asseoir sa légitimité historique, sa raison d'être ainsi que son aspiration au surnaturel. Son ciel, son Olympe, peuplé de dieux fantasques, poétiques et cruels, répondait au besoin fondamental de donner une issue extraterrestre à la destinée.

L'empereur Auguste avait si bien compris la nécessité religieuse comme un ciment indispensable pour rassembler et unifier la vaste communauté romaine qu'il poussa à l'extrême le culte des dieux, n'hésitant pas à faire proclamer sa propre divinité. Pour mener à bien cette œuvre, il s'appuya sur le formidable atout que constituait un génial et docile poète, Virgile, charge à lui de diffuser et de populariser leurs croyances. Ce qu'il fit dans des œuvres immortelles, *Les Bucoliques* et l'*Énéide*. L'*Énéide* connut à travers le monde romain un formidable succès. Roman des origines, mêlant tous les ingrédients d'une histoire légendaire, celle d'Énée, fils de Vénus et d'Anchise, un mortel mais de famille royale, il racontait sa fuite de Troie pour tenter de recréer une cité nouvelle, la Rome des origines. Avant d'atteindre son but, Énée allait suivre un périple qui le conduirait avec mille aventures en forme de parcours initiatique, jusqu'à Carthage où la reine Didon, folle d'amour, succomberait à son charme. Rien ne manquait à cette épopée, ni le talent poétique, ni les drames sentimentaux du héros, ni bien entendu le soutien des dieux favorisant leur héros en toutes circonstances. S'y ajoutait pour envelopper cette vie de mystère une visite aux enfers où son père lui annonçait son avenir et les embûches qui l'attendaient mais dont il sortirait vainqueur. Faisant pendant à l'*Odyssée* d'Homère, auquel le poète tirait un coup de chapeau en se replaçant dans une haute filiation culturelle, l'œuvre introduisait un message politique. Toute l'histoire de Rome avec ses drames, ses hésitations, ses rivalités sanglantes, trouvait un aboutissement dans la clémence et la sagesse d'un prince d'exception, l'empereur Auguste lui-même, clé de voûte de la concorde si péniblement retrouvée.

Mais derrière la fable fondatrice se dissimulait un message moral. Rome hantée par l'orgueil de sa suprématie autant que par la peur de sa possible décadence, comme le souligne Xavier Darcos dans sa remarquable biographie de Virgile, a besoin d'un remède contre l'oubli des traditions et le déclin des mœurs. Pour y remédier Auguste, par l'intermédiaire de Virgile, y développe l'éloge des vertus guerrières et civiles. Il se fait le contempteur de ses vices, de la paresse, du relâchement, dans un style qui, si on ne craignait les approximations historiques, pourrait faire penser aux préceptes du régime de Vichy inspirés de *La Réforme intellectuelle et morale* de Renan. N'en sont pas absentes les vertus roboratives attribuées aux agriculteurs chantés dans *Les Géorgiques*. Les dieux n'éprouvent les hommes que pour les raffermir dans la vertu. À la devise trinitaire travail, famille, patrie, qui sous-tend plus ou moins explicitement les régimes autoritaires, Auguste ajoute le slogan virilité, endurance, sacrifice.

Ovide, le successeur littéraire de Virgile, sans doute en sympathie avec les esprits forts du temps – il en existe à toutes les époques – ou par cet esprit de provocation qui habite souvent les surdoués littéraires que leur succès mue en enfants gâtés, va introduire, lui, dans l'Olympe un sympathique désordre. Loin de se complaire dans une dévotion de circonstances, il s'émancipe, désinvolte et narquois, traitant les dieux avec une ironie qui tend, à force de caricaturer leurs excès, à les rendre ridicules. D'autant qu'Ovide ne se contente pas d'amuser la galerie par ses bravades talentueuses, il pousse l'espièglerie jusqu'à proposer un art d'aimer qui n'est rien de moins qu'un éloge de l'adultère, de l'amour libre, et un abécédaire de la séduction amoureuse. Les courtisanes et les femmes légères y sont données en exemple et les vieux maris trompés sont l'objet de sa raillerie. Certes on l'applaudit, mais les censeurs, à commencer par le sourcilleux Auguste, y voient un dangereux ferment d'incrédulité et de relâchement. Il n'est plus un poète utile comme Virgile, il devient un ennemi pour l'ordre.

Encore aujourd'hui certains considèrent Ovide comme le Voltaire de l'Antiquité. Ce détricotage de la croyance risque par chaîne d'entraîner la désacralisation de l'empereur lui-même et de facto rompre la paix civile dont il est le pilier. N'est-ce pas Ovide qui ne craint pas d'écrire : «Il est utile que les dieux existent, et, comme c'est utile, croyons qu'ils existent.» Provocation intempestive qui parmi d'autres lui vaudra son exil à Tomis, sur les bords saumâtres de la mer Noire. Lucrèce, qui veut libérer l'homme des chimères de la superstition, construira sur les ruines des idéaux religieux et métaphysiques un nouvel idéal de la raison et de l'intelligence critique.

C'est ainsi que peu à peu le monde romain s'est réveillé de manière lente et insidieuse de ses croyances. Elles lui sont apparues creuses, vaguement ridicules, fruits secs de l'habitude, du conformisme, de la superstition. Il a pris conscience qu'il manquait quelque chose d'essentiel à ces mômeries de culte qu'il répétait machinalement. Un sentiment vague de frustration particulièrement ressenti par les femmes, plus réceptives que les hommes à l'aridité et à la sécheresse d'un culte qui n'était plus irrigué par un chaud sentiment d'adhésion. Il ne leur servait plus à opposer un doux contrepoids à la brutalité des hommes. Le charme était rompu. Il manquait un recours aux tourments des grandes âmes ; qu'on imagine un instant la désespérance et la langueur que cette subite carence pouvait susciter dans la société romaine d'alors : austère, rigide, militaire, froidement légaliste dans sa pratique quotidienne d'ici-bas, et n'ayant plus pour espérance qu'un Olympe aux dieux capricieux, cruels, inconséquents et sexuellement débridés. Ce terrain religieux déserté, miné par l'incrédulité, était mûr pour s'abandonner à une autre croyance qui répondrait à ses aspirations diffuses. Car aucune société, si avancée soit-elle, ne peut se passer longtemps du sacré.

C'est alors qu'est apparue, venue de Palestine, chargée des effluves du désert, une parole d'une extrême douceur, à l'image de Jésus, tout à la fois tolérante et ardente, paisible et révolutionnaire, prêchant l'égalité entre les hommes, l'amour, le pardon, tout en offrant une suprême espérance, la résurrection. De plus incroyablement vigoureuse dans son prosélytisme puisqu'elle n'allait pas hésiter à pousser ses croyants au martyr. En trois cents ans, elle allait conquérir le monde romain, employant toutes les ressources de sa faiblesse pour venir à bout de la force.

Cette voix féminine dans son intonation et sa tendresse, elle va se répandre avec une prodigieuse vigueur, embrasant tout l'Empire. Faut-il qu'elle soit captivante cette voix et son message puissant pour qu'elle puisse tout bousculer, inaugurant une nouvelle façon de voir, de sentir, de penser. Elle séduit encore en plein XXe siècle un écrivain, Romain Gary, dont la dégaine de saltimbanque dissimule un cœur meurtri assoiffé d'amour. Il délire : « Une première lueur de tendresse maternelle s'est levée sur cette terre… C'était la première fois qu'un homme parlait au féminin, avec amour, tendresse et pitié. C'était le premier balbutiement de féminité, la première protestation contre le règne de la dureté, la première tentative de douceur et de faiblesse. » Mais Gary, en vieux guerrier, en compagnon de la Libération, qui craint la mièvrerie de l'apitoiement, se corrige aussitôt pour employer un style de soudard qui brave l'honnêteté : « Pour la première fois autre chose qu'une bite s'était levé en Occident. »

Cette voix aux accents féminins parle aux femmes. Leur cœur n'est-il pas par essence plus sensible ? Ne sont-elles pas plus que les hommes accessibles à la poésie, au roman, aux beaux gestes, aux raffinements de l'âme ? Et leur statut à Rome les enferme dans une prison, prison dorée des grandes aristocrates, prison du mariage et des tâches ménagères pour les plus humbles, prison du sexe pour les courtisanes et les esclaves en butte aux mâles, à leurs exigences de brutes, qui ne souffrent aucun refus. Si gracieux soient-ils, ces hommes sont les maîtres et en abusent. Ces femmes, comme leurs esclaves avec lesquels elles ont de secrètes connivences, vivent dans l'espérance d'une libération. À défaut d'un amant, le risque serait trop grand – même si certaines le prennent –, au moins quelqu'un qui les comprenne, qui allume dans leurs yeux un rêve, chuchote à leur oreille des paroles de compréhension. C'est ce à quoi elles aspirent : le rêve et la consolation. Elles se sentent spirituellement seules. Jésus est là pour combler leur attente.

Mais sa parole n'apparaît pas comme celle de Moïse au Sinaï dans un roulement de tonnerre, c'est une mélodie douce qui très vite se révèle incomparable au milieu des cultes concurrents eux aussi venus d'Orient. Mithra, Isis...

Pourtant un mythe durable va s'installer, celui d'une révélation dans des circonstances variables : un marin sur son bateau au large de l'île de Paros aurait entendu cette exclamation venue du ciel : le Grand Pan est mort. Cela signifiait-il que la mort du Christ venait de créer la religion nouvelle qui allait supplanter l'ancienne ou la mort même du dieu païen ? Les exégètes sont divisés sur ce point. On sait quel usage en fera Nietzsche, fervent contempteur du christianisme, dans *Ainsi parlait Zarathoustra*. Rabelais ne nourrit, lui, aucune hésitation : « Je l'interpréterais de celui grand Servateur des fidèles qui fut en Judée ignominieusement occis par l'envie et l'iniquité [...] vu qu'il est le nostre tout ; tout ce que nous sommes, tout ce que nous vivons, tout ce que nous avons, tout ce que nous espérons est lui, en lui, de lui, par lui. »

Le christianisme met du temps à s'imposer. Certains penseurs, comme l'épicurien Celse, dans son *Discours véritable contre les chrétiens*, jugent sévèrement les sectateurs de Jésus. Ils leur reprochent une forme de fanatisme et de prêcher l'amour avec une véhémence proche de la violence. De plus ceux-ci ne semblent guère accessibles à la contradiction. On critique leur « insociabilité ». On leur reproche de « haïr le genre humain » et on les traite, à l'égal d'autres croyances comme le culte d'Isis, de superstitions orientales. Celse dénonce l'anthropomorphisme des chrétiens, leur communautarisme, qui met en danger la cohésion sociale romaine. Il faut dire que les chrétiens refusent la plupart des devoirs civiques. Enfin il conteste leur prétention à être la vraie religion et récuse toute supériorité morale du christianisme par rapport aux religions païennes, dont elle n'est, selon lui, qu'un vulgaire démarquage.

Les persécutions de Néron vont donner à la religion nouvelle son baptême du sang. Les martyrs vont apporter une forme de preuve de cette vérité pour laquelle tant de gens sont prêts à mourir, à subir les pires supplices sans l'abjurer. Pascal exprimera bien la force d'un tel sacrifice : « Je ne crois qu'aux témoins capables de mourir pour leur foi. » Chaque martyr créera un nouveau converti. Les femmes, les esprits sensibles, vont s'attacher à ces marginaux qui contestent un culte en lequel ils ne croient plus en leur apportant la douceur du pardon et la lumière de l'espérance.

5

C'est une église d'aujourd'hui

«Agenouillez-vous et vous croirez.»
Pascal

C'est une église d'aujourd'hui qui, je l'espère, ne ressemble pas trop à celle de ma paroisse du VIIe arrondissement : le maître-autel ressemble à un juke-box et l'on est tenté d'y jeter la pièce du denier du culte pour avoir une partie gratuite. Sur le parvis des affiches lumineuses en tous points semblables à celles du supermarché voisin indiquent en caractères lumineux les heures des offices, les horaires pour les confessions – si tant est qu'il en existe encore –, les dates de la kermesse, les mariages. Dans l'église, un groupe de fidèles clairsemé écoute résigné le prêtre descendu pour toujours d'une chaire à jamais inutile, vestige d'une ancienne pratique et que son inutilité semble dénoncer. Pourtant c'était du haut de cette chaire que le prêtre proclamait «la vérité, le chemin et la vie». Tout y est morne, d'une laideur municipale : pas de statues de saints, de Christ, de baptistère, ni quoi que ce soit qui témoigne d'une préoccupation artistique ou du goût de la beauté. Aucun chant, aucune musique, ne retentit sous ces voûtes lugubres pour une assistance de fidèles qui, en dépit de l'ardeur de leur foi, semblent attendre d'être libérés de ce pensum sans grâce. Et encore j'ai la chance d'avoir devant moi des vitraux d'une figuration saint-sulpicienne banale et non comme l'église de Beauvais des œuvres qui semblent inspirées de mauvaises bandes dessinées. Comme beaucoup de fidèles mon esprit s'égare, distrait par un marmot qui pleure et que sa mère emmène pour calmer ses sanglots.

Oui, comme beaucoup de ces fidèles, je me demande : comment en sommes-nous arrivés là ? À cette Église qui manifeste si peu d'enthousiasme et qui semble plus par devoir, par habitude, que par passion évangélique, célébrer un dieu mort. Où est passée l'Église triomphante qui chantait la gloire de Dieu par tous les moyens de l'art, de la peinture, de la musique, du chant, qui diffusait avec éloquence du haut de sa chaire des sermons où vibraient les réminiscences souveraines des oraisons de Bossuet et le style ardent des Pères de l'Église ?

Oui, comment en sommes-nous arrivés là, à ces paroisses sans officiants, à ces églises qui se vident, à ces séminaires en berne, à ces prêtres en proie au doute et à l'à-quoi-bon, au point que le sacrement de la confession est devenu pour eux un pensum : certains péchés les font même rire, si l'on en croit l'enquête pitoyable de Vincent Mongaillard «Je vous pardonne tous vos péchés».

Je me remémorais dans cette église au décor si peu attrayant, à la liturgie si pauvre, subissant avec impatience cette morne célébration d'où tout charme semblait volontairement expurgé, les messes chantées de mon ermite de Samos dans sa chapelle surdorée du Spiliani, auréolée de toute la beauté du monde ; cette voix forte, gutturale, qui me parvenait dans ma cellule blanchie à la chaux, berçant mon désespoir, me transmettant je ne sais quel message fraternel dans une langue que son inintelligibilité même rendait mystérieuse et envoûtante. Quel réconfort elle apportait aux incertitudes de mon cœur ! Seul, comme je l'ai rarement été, livré aux affres de la création romanesque et aux doutes de l'amour, il me semblait soudain que je n'étais plus abandonné, une présence invisible me reliait à tous mes semblables dans le malheur. Ma personne n'avait plus d'importance. J'étais l'élément dérisoire d'un tout. Je m'immergeais dans l'âme universelle.

Puis ma pensée errait vers d'autres moments de grâce. Je revoyais, au fond du fond du malheur humain, ces belles Nigérianes extraites de leur camionnette du bois de Vincennes, dans laquelle brillait une bougie allumée pour signaler leur horrible commerce. Je reprenais avec elles en anglais un

Notre Père en compagnie des jeunes bénévoles de l'association Aux captifs, la libération. Arrachées un instant aux pires pratiques du sexe monnayé, à la brutalité des hommes, à leurs appétits sans fard, aux violences des proxénètes, ces belles-de-nuit nigérianes, au port royal, à l'élégance de princesse qui défiait leur déchéance, retrouvaient furtivement la douce innocence de leur enfance. Qu'importait alors le décor de cette camionnette utilitaire éclairée d'une lumière crue où dans des corbeilles, moins choquantes ou incongrues que des signes de la détresse humaine, brillaient dans leur enveloppe de plastique des préservatifs, du gel, offerts par les bénévoles. Dieu était là, qui immunisait contre toute vulgarité, donnait un sens à ce malheur. Peut-être n'avait-il jamais existé autant que cette nuit-là, que pour montrer la force de son existence. Si des hommes depuis l'aube de l'humanité avaient cru en Lui, c'est parce que face à des situations intolérables, Il était le seul secours. Et soudain par la grâce de la communion des saints, nous partagions ce malheur, nous fraternisions avec Lui, Il devenait le nôtre. Il n'y avait plus dans cette camionnette échouée dans la nuit obscure du bois de Vincennes, ni femmes damnées, ni jeunes étudiants idéalistes, ni romancier agnostique, mais confondus dans une même prière, toute la misérable communauté humaine élevée miraculeusement au-dessus d'elle-même.

Et je m'envolais vers d'autres scènes, associées par la chaîne du malheur. Je revoyais avec une étrange intensité la petite chapelle du Mont-Valérien, celle où l'abbé Stock opérait le plus tragique des sacerdoces. C'est à lui que revenait, à l'aube, de confesser les résistants condamnés à mort avant leur exécution dans la carrière. La célébration de cet office, comment en exprimer l'horreur et la grandeur ? L'abbé Stock officiait, au milieu des soldats allemands en armes qui gardaient la chapelle, à deux pas des camions bâchés qui transportaient les légers cercueils de bois blanc que les condamnés devaient porter sur le lieu de leur supplice comme Jésus sa croix. Que ce soit dans les petits matins pluvieux de novembre, ou dans les claires lueurs du printemps, l'abbé Stock sans relâche confessait ces jeunes gens qui sous les airs farauds qu'ils opposaient à leurs bourreaux ne pouvaient dissimuler leur effarement devant le scandale de la mort. Certains n'avaient pas dix-huit ans, tels les lycéens de Victor Duruy qui soudain prenaient conscience comme s'ils s'éveillaient d'un mauvais rêve, de l'horrible conséquence d'une distribution de tracts qu'ils avaient vue comme un jeu. La plupart avaient vingt ans, tous espéraient un miracle. Ils ne pouvaient en arracher l'espérance de leur cœur. Comment trouver les mots pour les secourir dans ces instants où le monde bascule dans l'absurde ? Comment atteindre leur cœur révolté pour lui inspirer la résignation ? Et comme si ce lieu était chargé de signes par la providence, à la sortie de la chapelle, avant d'emprunter le sentier fatal, à main droite, s'élevait une vieille bâtisse. Sur le donjon, sculptée dans la pierre, apparaissait une croix, un symbole inouï, la croix de Lorraine.

Ce que le christianisme apportait à ces jeunes condamnés dans ces circonstances tragiques, c'était un secours irremplaçable : la beauté. Cette beauté morale dont le christianisme n'a pas l'exclusivité, mais qu'il a le pouvoir d'enchâsser dans la grande fraternité humaine par une chaîne de solidarité. Cette beauté qu'il a placée au plus haut dans ses valeurs comme le plus important auxiliaire de la vérité. Beauté et vérité indissociables, tel est l'emprunt fait par l'Église à la tradition gréco-romaine. Par la beauté, elle a fait passer son message et c'est aussi grâce à elle qu'elle a traversé les siècles dans une apothéose artistique incomparable.

Comment l'Église en est-elle arrivée là ? Comment offre-t-elle aujourd'hui un visage artistiquement si pauvre ? Comment a-t-elle rompu le pacte qui la liait à la beauté ? Et sans la beauté peut-elle encore exister ? N'a-t-elle pas entendu la prophétie du prince Mychkine : « La beauté sauvera le monde. » L'Église qui est née de cette beauté et s'est épanouie avec elle, risque de mourir sans elle. Sans la beauté plus de vérité, et sans vérité plus d'Église, seulement un christianisme diffus, anarchique, décomposé, prêt à céder aux sirènes des sectes et aux hérésies les plus folles.

6

L'An I de la France

«La nation est une création de la France
par elle-même.»

Michelet

Ce devait être une cérémonie qui méritait le coup d'œil : tous ces barbares rassemblés, à moitié dévêtus dans un froid glacé, portant seulement une aube blanche en lin avant de se plonger dans l'énorme baptistère. Un mélange de guerriers mal dégrossis et de raffinement liturgique. De rusticité soldatesque et de pompe ecclésiastique. Ce que fut le baptême de Clovis, nous en avons une idée, que nous interprétons avec nos convictions d'aujourd'hui. On sait qu'il se déroula un 25 décembre aux alentours de 480 dans la toute neuve cathédrale de Reims, sous l'égide de l'évêque Rémi, mais surtout avec la douce présence persuasive de Clotilde, belle princesse burgonde, fille de Chilpéric II, qui a devancé son époux dans la conversion. Chrétienne bien avant son mariage, elle a déjà deux fils de lui qu'elle a fait baptiser à son insu. Encore une femme dans la propagation du christianisme. En plus de l'influence de son épouse, Clovis, avant de se décider, a conclu en monarque réaliste et avisé un marché avec Dieu. Il n'acceptait de se convertir que si celui-ci lui donnait la victoire sur ses ennemis à Tolbiac. Le Dieu des chrétiens donnait ainsi la preuve de sa bonne volonté vis-à-vis du barbare.

Dans le baptistère prennent place successivement trois mille de ses guerriers. Pensait-il agir à la manière d'Alexandre converti au zoroastrisme pour épouser Roxane en compagnie de trois cents de ses compagnons d'armes ? Ce n'est pas impossible tant les Francs, peuple qu'on imagine un peu fruste, vêtu de peaux de bêtes, avaient une conscience aiguë de l'histoire : férus de généalogie, ils revendiquaient une filiation plusieurs fois millénaire faisant remonter leur peuple à Francion, un des fils d'Andromaque. En fait, au milieu de beaucoup d'imprécisions, en dépit des brumes de la légende, nous avons une certitude : ce baptême de Clovis, c'est la date de naissance de la France. Début religieux s'il en est.

C'est dire si la France, à sa naissance, baigne dans le christianisme. Mariage de raison certes car Clovis empoche une belle dot : l'héritage de l'Empire romain mais aussi une acquisition plus spirituelle, « l'homme moral », c'est-à-dire libre devant Dieu.

Clovis fait un choix d'une grande intelligence. Pourtant il avait la possibilité de préférer l'arianisme, religion concurrente très en vogue : celle-ci lui aurait permis de cumuler comme roi les fonctions civiles et religieuses à la manière orientale où l'on a du mal à concevoir que le monarque détenant un pouvoir venu de Dieu ne soit pas en même temps le chef spirituel. En privilégiant l'héritage de Rome, Clovis bénéficie de l'extraordinaire avantage de devenir l'unique héritier de la civilisation gréco-romaine, certes à moitié engloutie, pantelante, ruinée par les invasions barbares, mais qui continue de conserver dans les esprits un immense prestige. Celui de la culture mais aussi du précieux logos, l'esprit, Clovis devenant l'héritier de Rome devient l'héritier de la civilisation tout court car on n'en conçoit pas d'autre à cette époque.

Dès le départ s'introduit dans le pouvoir royal l'idée d'une dualité, graine encore invisible de la laïcité en accord avec la parole de Jésus : « Rendez à César ce qui est à César et à Dieu ce qui est à Dieu. » Les Francs, en dépit de leur rudesse et de leur brutalité, se montraient plus évolués, ou moins rigides que leurs frères germains qui s'étaient toujours montrés inaccessibles à l'influence romaine. Poursuivant dans cette voie, ceux-ci resteront longtemps allergiques au christianisme dans sa version romaine.

Au cours de ce baptême, le front de Clovis va être oint par l'évêque Remi avec l'huile contenue dans la sainte ampoule, fiole contenant une huile sacrée mêlée au saint chrême, autre huile parfumée symbolisant Jésus : selon la légende, c'est une colombe qui l'aurait apportée à l'évêque Remi dans la précieuse fiole. Dieu est donc présent. C'est de lui que le roi tire son pouvoir et sinon son infaillibilité son inviolabilité. Cette sainte ampoule si hautement symbolique sera solennellement détruite par un conventionnel en 1793. Récupérée en partie, elle permettra à Charles X d'être sacré à Reims. Cette onction divine ouvre la porte dès l'origine, par ce lien avec le surnaturel, aux rois thaumaturges.

Le roi de France jusqu'à Louis XV procédera à une cérémonie de guérison des écrouelles : «Le roi te touche, Dieu te guérit.» Saint Louis organisera une cérémonie quotidienne. Au XVIIIe siècle, sous l'influence des esprits forts, la formule sera modifiée : «Le roi te touche, Dieu te guérisse.» Le subjonctif introduisait une hésitation proche du scepticisme sur l'efficacité de cette pratique. Abandonnée en raison de son caractère moyenâgeux, elle sera étrangement un prélude à l'abolition de la monarchie. À quoi pouvait servir un roi qui n'est plus relié à Dieu ? De qui dès lors détenait-il son pouvoir ? Qui donc le protégeait ?

Comment un roi français pouvait-il s'abstenir de ce don de faire des miracles, qui pour les chrétiens était la preuve de l'existence de Dieu ? Les saints tirant souvent leur canonisation grâce à ce pouvoir de leur vivant ou par l'intermédiaire de leurs reliques. Le Christ lui-même en donnait l'exemple. L'historien Marc Bloch a d'ailleurs magnifiquement analysé ce phénomène surnaturel, même si agnostique, il l'imputait à une erreur collective. Une erreur qui, si l'on en croit les nombreux débats soulevés au sein même du Vatican par des théologiens catholiques, avait des effets positifs incontestables, comme l'attestent nombre de témoignages de miraculés à cette époque et plus tard à Lourdes ou à Fatima.

Cette alliance entre christianisme et monarchie, même si cahin-caha elle connaît des tensions, notamment avec l'apparition de la Réforme, restera harmonieuse jusqu'à Louis XIV ; monarque qu'André Germain, en raison de la centralisation brutale de son pouvoir et de l'élimination systématique et violente de ses adversaires, traite avec humour de « bolchevik ». À partir de 1700, la machine va se détraquer. Le Roi-Soleil va, par ses persécutions contre les protestants et les jansénistes, allumer une mèche à diffusion lente qui finira par emporter la monarchie. En ce début du XVIIIe siècle tourmenté de préoccupations philosophiques, sociales, politiques, la question religieuse à travers la bulle *Unigenitus* va ouvrir de terribles brèches dans l'édifice. Derrière les philosophes des Lumières, les alimentant de subsides et d'encouragements, on trouve les protestants émigrés. Chassés par la révocation de l'édit de Nantes en Hollande ou en Prusse, ils font porter leur rancœur sur cette monarchie qu'ils ne portaient déjà pas dans leur cœur, même s'ils l'acceptaient. D'autre part leur rancune s'adresse aussi au parti catholique qui ne leur a apporté aucun soutien dans leurs malheurs – ce soutien leur viendra plutôt paradoxalement de Voltaire.

Les jansénistes durement éprouvés par la vindicte de Louis XIV, véritables martyrs, objets des pires vexations attendent leur revanche sur les jésuites qu'ils estiment responsables de la destruction de Port-Royal. Cet acharnement du pouvoir royal à éradiquer de manière sanglante deux déviations chrétiennes va avoir des conséquences incalculables. La bulle *Unigenitus* obtenue par le pape pour vaincre définitivement le jansénisme va mettre une effroyable zizanie dans l'esprit public. La monarchie française, au lieu de continuer à être la protectrice indulgente de la grande famille chrétienne, a montré que, à l'instar du pape, c'était à elle de châtier et d'exclure les hérésies. En fait tous ceux qui résistaient à son pouvoir. Un gallicanisme rigide qui, s'entremêlant étroitement à l'opposition philosophique, fera le lit de la Révolution.

Le pouvoir royal tire donc son essence sacrée de ses liens avec le surnaturel. Il va également développer l'idée chrétienne de l'universalisme constitutif de la France. Et ces deux caractéristiques vont durer à travers les âges dans la croyance populaire. Superstition pour les philosophes des Lumières, charlatanerie pour les conventionnels, fadaises pour les positivistes d'Auguste Comte, elles ont trop imprégné l'âme française pour ne pas subsister à des degrés divers dans l'inconscient collectif. Tous les efforts de la pensée laïcarde qui va s'épanouir avec la séparation de l'Église et de l'État n'y pourront rien. Les républicains purs et durs, les Ferry, les Grévy, les Combes et même Clemenceau ne pourront exclure la croyance dans ce lien avec le surnaturel. Clemenceau rendant visite à Foch à son quartier général en pleine bataille de la Marne demandant à un huissier de l'introduire auprès du généralissime se voyait répondre que celui-ci était en train d'assister à la messe : « Ne le dérangez surtout pas, s'exclama le Tigre, cela lui a trop bien réussi.» Respect dont témoignera aussi Poincaré aux obsèques nationales de Foch en s'inclinant devant sa piété. Et comment interpréter autrement les *Te Deum* de la victoire de 1918, ceux de 1944, et celui plus incongru encore de juin 1940 où le gouvernement, conduit par Paul Reynaud à Notre-Dame, implorait Dieu d'accorder la victoire à la France.

À Londres, autour de De Gaulle, les juifs comme Raymond Aron ou Maurice Schumann ; les francs-maçons comme Pierre Brossolette ; les athées ne se formaliseront nullement d'avoir pour emblème la croix de Lorraine et de demander à Jeanne d'Arc qu'elle assure le succès de leur cause.

Ce n'est pas un hasard si de Gaulle dit à Jean Guitton que l'événement majeur du XXe siècle est le concile Vatican II. Ce même de Gaulle qui, président de la République, surveille les tractations du conclave et pousse à l'élection de Paul VI. Devant Alain Peyrefitte qui s'en étonne, il dit d'une voix gouailleuse : « À quoi croyez-vous que sert notre ambassade au Saint-Siège, si ce n'est pour exercer discrètement une influence auprès des cardinaux influents, en tout cas sur les Français ? Ce ne sera pas la première fois que la France s'intéressera à l'élection papale. De tout temps, sous nos monarchies comme sous nos républiques, la France a joué son jeu dans cette élection. Il n'y a pas de raison de nous en abstenir. »

Plus tard c'est un hélicoptère qui se pose à Joigny, dans la Nièvre, le président François Mitterrand veut s'entretenir avec Jean Guitton, le seul philosophe laïc invité au concile. Devant un feu de bois, François Mitterrand, au seuil de la mort, l'interroge sur l'au-delà. « Il faut choisir entre l'absurde ou le mystère », lui répond le philosophe, qui ne peut s'empêcher de le comparer à Chirac et à Giscard d'Estaing, tous deux catholiques pratiquants, mais il juge que François Mitterrand « tout en affichant un certain détachement par rapport à la religion a un je ne sais quoi de mystique ».

Comme une rivière souterraine dont la source continue de couler depuis les origines, le religieux chrétien reste présent aux côtés de la République. Les anathèmes du Grand Orient, les proclamations athées de Manuel Valls ou de Xavier Bertrand, ni même les exhortations d'un néopaganisme virulent de Michel Onfray, ne parviennent pas à entamer l'idée que la France tire sa substance du christianisme. Et l'incendie peut-être providentiel de Notre-Dame, par l'émotion collective qu'il a suscitée, inflige un démenti cinglant à ceux qui s'obstinent à le nier. Tous les Français, quelle que soit leur appartenance religieuse ou philosophique, catholiques, juifs, francs-maçons, protestants, orthodoxes, athées, musulmans, se sont sentis soudain atteints par ce malheur dont ils avaient conscience qu'il ne touchait pas seulement une magnifique cathédrale, mais la France tout entière.

7

Jésus contre l'Église, l'Église contre Jésus

«Ce que je déteste dans cette affaire
Dreyfus, c'est son christianisme.»

Maurras

Dans son roman, *Résurrection*, Tolstoï oppose son héroïne, Katioucha Maslova, ravissante servante débauchée par un fils de famille, l'égoïste prince Dimitri Nekhlioudov, et contrainte de se livrer à la prostitution, à l'institution judiciaire et au clergé orthodoxe qui ont partie liée. La jeune femme perdue, avatar moderne de Marie-Madeleine, va être condamnée par le plus froid des monstres froids, l'alliance sans pitié du pouvoir et de l'Église. Tolstoï reprend le combat qu'il a mené toute sa vie pour ramener le clergé, la société, à l'Évangile. Il veut les réveiller de leur bonne conscience qui leur donne l'illusion parce qu'ils sont pratiquants, parce qu'ils entretiennent des œuvres charitables, qu'ils sont de bons chrétiens fidèles à l'Évangile. C'est l'occasion pour lui de dénoncer un scandale : la captation de Jésus par l'Église orthodoxe à des fins rien moins qu'évangéliques, assurer son pouvoir, dominer les faibles, servir d'auxiliaire au pouvoir pour opprimer les pauvres et les soustraire à toute idée de révolte. L'auteur d'*Anna Karénine* broche ce combat sur celui plus vaste encore de ceux qui prônent la morale ouverte, celle de l'individu, contre la morale fermée de la société, cadenassée dans ses impératifs d'ordre et de coercition. Par bien des points l'Évangile semble en effet du côté d'Antigone et toute société proche de Créon. Débat deux fois millénaire qui trouve un écho dans toute la littérature jusqu'à Mauriac et Bernanos, qui vitupèrent aussi bien les évêques soutenant Franco pendant la guerre d'Espagne que les Pharisiens qui condamnent les faiblesses de leur prochain pour mieux excuser les leurs.

Comment l'Évangile et l'Église condamnés à coexister, à se soutenir l'un l'autre, pouvaient-ils vivre sans heurts, malentendus ou déchirements ? D'une essence opposée, visant aux mêmes fins avec des moyens différents, il était dans l'ordre des choses qu'ils s'opposent tout en tentant de ne pas trop se déchirer. C'est dès l'origine que, parallèlement à l'association entre l'Église et l'État, a commencé cette formidable aventure : le mariage en apparence impossible et qui pourtant se réalisa entre le christianisme et le catholicisme, entre l'Évangile et l'Église.

Comment concilier ces principes opposés, la foi et le réalisme, les exigences spirituelles et les nécessités de l'État ?

Comment concilier le «Tu ne tueras point» de l'Évangile avec les guerres qui ensanglantent la planète, le pardon qui fait tendre la joue gauche à l'insulteur et les exécutions capitales, le sermon sur la montagne et les exhortations à la violence, à la vengeance et à la répression ? Comment construire une société sur l'amour et le pardon ? N'y a-t-il pas incompatibilité avec les nécessités de l'ordre social ? «Aimez vos ennemis, faites du bien à ceux qui vous détestent ; priez pour ceux qui vous maltraitent et qui vous persécutent.»

Quel mariage fut plus houleux que celui-là ? Hérissé de plus de brouilles, d'anathèmes, de divorces et de guerres ? Le miracle, car c'en est un, c'est que ces entités contradictoires soient parvenues à polir leurs aspérités, et à se renforcer l'une l'autre. Le message de l'Évangile à lui seul pouvait-il durer, aurait-il eu sa formidable expansion et pu conserver sa force sans le renfort du carcan de l'Église ? C'est une armure de fer que lui a imposé la papauté pour lui éviter de se dissoudre en sectes, en hérésies, en croyances éphémères, en théosophies vagues. Elle lui a imposé une unité à la fois rigide et souple. Acceptant dans son sein beaucoup de contestations, se résignant à nombre de réformes : saint Benoît, saint François, elle a été prête à beaucoup de concessions à la condition qu'on accepte son magistère. Ce à quoi ne se résoudront ni l'Église d'Orient ni l'orgueilleux Luther. Deux schismes, deux périls pour l'unité de la chrétienté que les interventions et les exploitations politiques des pouvoirs temporels vont rendre mortelles. Jésus, c'est la référence de tous les révoltés du christianisme.

C'est en lui, dans sa parole qu'ils veulent tirer les principes d'une réforme. Face à une Église orgueilleuse, prépotente, croulant sous ses privilèges et assurée de son bon droit divin, d'une forme d'infaillibilité même si ce principe n'entrera dans le droit canon que plus tard. En outre une Église qui est un État, avec ses alliances, sa politique, ses répressions. Dante et les gibelins sont les porte-voix d'une contestation qui a commencé avec saint Pierre. Elle est inscrite, pourrait-on dire, dans leur essence différente. Luther va bien sûr s'engouffrer dans cette brèche qui eût pu se résoudre n'eût été l'orgueil faramineux de Luther. Mais lui-même ne puisait-il pas les germes de son irrédentisme dans cette Germanie de tout temps hostile à Rome ? Érasme qui n'était pas loin de partager les critiques de Luther sur les excès de la papauté s'entremit. En vain.

Les encyclopédistes, tout athées que fussent certains comme d'Alembert ou d'Holbach, ne sont pas mécontents de prendre l'exemple de Jésus pour accuser le cléricalisme, mettre en cause ses richesses, dénoncer ses horreurs comme l'abominable exécution du chevalier de La Barre pour blasphème. Voltaire, qui est déiste, se montre certainement le plus chrétien : non parce qu'il fait construire une église à Ferney, mais par la charité qu'il pratique généreusement, venant en aide à toutes les détresses et tendant la main aux réformés injustement condamnés comme Calas ou Sirven. Mais l'*Encyclopédie* dans ses articles « Jésus » ou « Christianisme » rédigés par d'Alembert et Diderot se montre vers 1750, contrairement à l'idée reçue, favorable au christianisme. « À parler rigoureusement, Jésus-Christ ne fut point un philosophe, ce fut un dieu. Il ne vint point proposer aux hommes des opinions, mais leur annoncer des oracles ; il ne vint point faire des syllogismes, mais des miracles », le christianisme « est entre toutes les religions révélées, la seule qui le soit effectivement et par conséquent la seule qu'il faut embrasser », « le fanatisme est une peste qui reproduit de temps en temps des germes capables d'infecter la terre ; mais c'est un vice des particuliers et non du christianisme, qui par sa nature est également éloigné des fureurs outrées du fanatisme et des craintes imbéciles de la superstition. »

Pourtant en cinquante ans avec les fureurs de la Révolution, cette modération va se muer en haine. Jésus, comme le christianisme et l'Église, entraîné dans la même tourmente, va-t-il être l'objet de la même exécration ? Non : la Révolution l'exempt de tout crime. Au contraire elle l'honore, trouvant dans son exemple une mystérieuse fraternité. À la suite de Camille Desmoulins, le citoyen Chabot s'exclame : « Jésus est le premier sans culotte du monde ! » Seul le Christ continue de resplendir dans les ruines de l'Église effondrée.

Jésus surmonte la vague de déchristianisation qui sévit pendant tout le XIXe siècle. C'est lui que Léon Bloy, « le pèlerin de l'absolu », prend en exemple, sur lui qu'il s'appuie pour exercer ses furieuses philippiques contre l'Église, le clergé, et tous ceux qu'il estime le trahir. Renan provoquant un scandale a beau remettre en cause sa divinité, il en brosse le portrait d'un exemple pour toute l'humanité. Et à leur suite le bouillant Bernanos, le doux Maritain, l'écorché Mauriac, et les écrivains chrétiens ne cessent de faire référence à l'Évangile. Seul Maurras, monstre d'intelligence et d'exaltation partisane, le condamne, trouvant dans son message de révolte le poison du *Magnificat*, « la folie venue de Judée », des germes de dissolution sociale et des relents sémitiques. Il fait porter en revanche toute son admiration à l'Église garante de l'ordre, de la tradition, l'appui séculaire de la monarchie. Et surtout utile dans la purgation du christianisme. Cette conception un peu folle amènera Pie XI à condamner ce soutien encombrant. Maurras ignorait que son obstination allait avoir surtout des conséquences catastrophiques sur les deux idoles qu'il vénérait : l'Église et la France.

8

Le Concordat reconnaît le génie du christianisme

« Une société sans religion est comme un vaisseau sans boussole. »

Napoléon

Le *Te Deum* chanté de Giovanni Paisiello célébrant la signature du Concordat qui résonne en ce dimanche de Pâques 18 avril 1802 sous les voûtes de Notre-Dame, perdant tout juste son appellation de temple de la Raison, apparaît sans doute comme la provocation la plus spectaculaire de Bonaparte. Tout le monde doit avoir à l'esprit la conversion d'Henri IV. Rien de moins recueilli, rien de plus politique. Il a fallu tout le prestige du Premier Consul pour imposer cette « capucinade » à une assemblée totalement déchristianisée même si elle compte beaucoup d'anciens prêtres défroqués comme Fouché ou Sieyes, et un ci-devant évêque, Talleyrand. Tous les corps constitués sont représentés dans leurs habits chamarrés, et bien sûr les membres du corps diplomatique.

On écoute avec attention sinon recueillement l'oraison pontificale de la messe célébrée par Mgr Caprara. Les évêques prêtent serment. Après l'homélie prononcée par Mgr de Boisgelin, le nouvel évêque de Tours, un *Te Deum* conclut cette cérémonie, englobant dans ses vœux le retour de la France dans le giron de l'Église et la toute neuve paix d'Amiens, qui bien illusoirement semble écarter les risques de guerre avec l'Angleterre. Le soir des illuminations et un concert ont lieu dans les jardins des Tuileries.

Beaucoup de militaires ne se sont pas sentis, eux, touchés par la grâce. L'athéisme s'était répandu dans leurs rangs et encore plus l'anticléricalisme ; quand Bonaparte demande au général Delmas, une vieille culotte de peau au courage éprouvé, ce qu'il pense de la cérémonie, celui-ci, toujours mauvais coucheur, lui répond : « C'est une belle capucinade. Il n'y manque que le million d'hommes qui ont été tués pour détruire ce que vous rétablissez. » Ce commentaire intempestif lui vaudra un long exil. Ce qui ne l'empêchera pas de reprendre du service à Leipzig en 1813, et de se faire tuer pour son empereur.

D'où est venue à Bonaparte cette idée de restaurer le christianisme ? Certes, en Corse, sa famille pratiquait le culte catholique bien que son père, Charles, soit affilié à la franc-maçonnerie, comme son protecteur, le général de Marbeuf. Son oncle Fesch, futur cardinal, ne donna jamais aucun signe d'incrédulité ou d'apostasie. D'où s'est implantée, dans l'esprit de cet agnostique, lecteur de Rousseau et de Voltaire, la nécessité de rétablir la religion traditionnelle de la France ? Est-ce à Marengo quand, en ce début d'après-midi du 14 juin 1800, dans la plaine du Piémont, devant la rivière Bormida, son armée submergée par celle des impériaux autrichiens du feld-marschall Melas aurait dû se résigner à la défaite ; une défaite non seulement militaire, mais politique quelques mois après le 18 brumaire, qui remettrait en cause son pouvoir. Quelles furent alors ses pensées tandis qu'il méditait sur son inéluctable échec, ignorant que, quatre heures plus tard, Desaix et Kellermann viendraient le secourir et lui faire remporter la victoire ? Songea-t-il, à l'instar de Clovis avant la bataille de Tolbiac, à implorer le ciel, sachant que seul un miracle pouvait le sauver ? On se plaît à l'imaginer. Bonaparte en effet ne se départit jamais d'une croyance en une sorte de providence qui dans son esprit le reliait aux puissances surnaturelles.

De toutes les tractations avec le pape et ses conseillers qui vont s'échelonner pendant deux années, beaucoup d'idées vont être brassées. Il s'agit d'arriver à un compromis qui satisfasse les deux parties. On assiste à un festival de concessions réciproques. Le pape aurait souhaité la reconnaissance du catholicisme comme religion d'État, Bonaparte ayant le souci ne pas heurter de front les Jacobins, obtint que ce fût la religion « de la grande majorité des Français ». Dans les moments où les négociations semblaient dans l'impasse, Bonaparte laissa entendre qu'il pouvait tout aussi bien adopter le protestantisme. C'était bien sûr une manœuvre, même si l'idée lui en avait été suggérée. Necker et sa fille Germaine de Staël œuvraient dans ce sens dans deux ouvrages qui développaient des arguments d'un cynisme tranquille : ils allaient jusqu'à prétendre que la religion réformée présentait l'avantage d'enseigner aux pauvres à supporter la misère sans se révolter et qu'elle était donc un instrument parfait de gouvernement. Bonaparte, qui ne portait dans son cœur ni le père ni la fille, l'avait récusée, considérant que le protestantisme était une religion de l'intelligence, le catholicisme celle du cœur, et plus en accord avec l'âme française.

Mais, il faut l'admettre, le Concordat fut surtout de sa part un acte raisonnable. Même s'il était sensible à la poésie des cloches, des messes, des angélus, tout de même moins ennuyeuses que « les promenades civiques », c'est l'homme d'État, le reconstructeur de la France en miettes, qui décida et mit en œuvre le Concordat. Non pour honorer la croyance mais pour asseoir l'État sur une société contenue dans les bornes d'une morale raisonnable. S'il faut vraiment trouver des circonstances qui le renforcèrent dans cette idée de l'importance sociale de la religion, c'est en Égypte qu'il faut les chercher. C'est là qu'il découvrit l'empire de l'islam sur les âmes; sa puissance de discipline; sa force pour armer le bras du fanatisme. On le voit au Caire tout à la fois admiratif de la sagesse des docteurs de la loi et effaré des excès auxquels la religion peut mener ses fidèles. Mais le fait religieux s'impose à lui. Il comprend le caractère civilisateur de toute religion qui tente de canaliser et de dégrossir les instincts de la brute. « L'homme naturel est un chien », conclura-t-il alors esquissant son abandon de Rousseau pour lui préférer Voltaire.

Sans doute aussi lui revinrent en mémoire ces souvenirs des foules révolutionnaires déchaînées, ivres de crimes et d'exactions, qu'il avait vues à l'œuvre à Paris. Cette populace, cette tourbe, qu'il ne confond pas avec le peuple, on doit la dompter au moyen d'une religion qui la discipline, la corrige, lui inspire la peur de la damnation. Quant au peuple, il lui faut une croyance en la vie éternelle pour supporter sa misère, un accès à la prière pour affronter les mille malheurs qui tissent toute vie humaine. Le Concordat s'attache moins à la croyance qu'à l'insertion raisonnable des religions en général et du catholicisme en particulier dans l'État. Il n'intervient nullement dans la liberté de conscience et promeut la liberté de culte. Les prêtres des diverses églises sont rétribués par l'État et doivent vivre en bonne intelligence. Les cardinaux et les évêques sont proposés par l'État à l'approbation du pape. En compensation l'Église accepte la rédaction d'un catéchisme auquel Bonaparte lui-même mettra la main. Cela sanctionne une laïcité, certes ambigüe, comme le seront toutefois les relations de l'État avec sa religion fondatrice.

Le Concordat ouvre une ère nouvelle. Les cloches des églises se remettent à sonner. Soudain comme ces « paroles gelées » du Pantagruel de Rabelais, qui gèlent en hiver et reprennent vie au printemps, le christianisme, sortant de sa longue hibernation, avec d'autant plus de vigueur qu'on l'avait contraint, maltraité, vilipendé, s'ébrouait dans les cœurs, las d'un long dessèchement. Il refleurissait soudain, diffusant ses préceptes parfumés, son sentimentalisme lacrymal, son esprit de tolérance, que les fureurs idéologiques de la Révolution avaient mis en pièces. Après la mode de l'incrédulité venait la mode de la croyance. On allait à la messe, on faisait sonner les cloches, on baptisait, avec le même enthousiasme qu'on avait applaudi au massacre des Carmes et à la répression des prêtres. Les lois nouvelles le permettaient, le Premier Consul y incitait, mais il fallait à cette renaissance un nouvel Évangile : ce fut le *Génie du christianisme*.

Le jeune Chateaubriand, tout vibrant encore des exhortations agnostiques de son *Essai sur les révolutions* qui, quatre ans plus tôt, à Londres, ne lui avait pas offert la gloire espérée, misa aussitôt sur cette religion que les circonstances remettaient à flot. Oubliant vite ce qu'il écrivait de « l'Église environnée de ténèbres marchant comme un géant vers le despotisme », dirigée par « des pontifes subjugués par le luxe et l'ivresse et plongeant dans tous les vices». Inspiré par son ami Fontanes, royaliste, et pragmatique adepte du nouveau régime, il se livra à cette première apostasie, bientôt suivie de beaucoup d'autres, opérées avec le même aplomb, cette forme de raison d'État personnelle qui visait à tout justifier à la condition que ces changements de pied participassent à la construction de sa statue. Qu'il le fît avec génie n'ôte rien à ses arrière-pensées et à ses motivations, qui n'étaient nullement pieuses. Mais devenu pratiquant et peut-être même croyant à force d'avoir prêché la bonne parole, et s'étant pris à son propre jeu, il marqua des scrupules, eux réellement chrétiens, d'avoir exploité le christianisme à des fins toutes païennes, pour servir une concupiscence toujours sous les armes. Combien de femmes – et il y en a eu beaucoup – tombèrent dans les bras de ce génial tartufe, trouvant une excuse à leur faute parce qu'elles succombaient aux prières lascives du rénovateur de la religion.

Il mit habilement en scène sa conversion : «Je n'ai point cédé, j'en conviens à de grandes lumières surnaturelles : ma conviction est sortie du cœur ; j'ai pleuré et j'ai cru.» On n'ose dire sa volte-face de brillant contorsionniste, son saut périlleux, avec une habileté en accord avec les mœurs et le laisser-aller des survivants d'une époque si troublée et si tragique qu'ils s'étonnaient encore d'être en vie. Ne cessant d'être un homme du XVIIIe siècle, jouisseur et sceptique, René officia dans son rôle de prédicateur en maintenant les apparences, faisant appel à toutes les ressources de la restriction mentale. Son jésuitisme, sa duplicité, lui vaudront le jugement sans appel de Sainte-Beuve qui le qualifiera « d'épicurien à l'imagination catholique ». Pour ses amis nullement dupes, qui connaissaient l'abîme qui séparait sa vie privée, adultère et jouisseuse, et ses hauts principes affichés, c'était un sujet d'affectueuse et indulgente ironie. N'y avait-il pas quelque paradoxe à écrire son essai d'apologétique chrétienne dans les bras de sa maîtresse expirante, Pauline de Beaumont, dans sa maison de Savigny ? Mais toujours soucieux de son image pour la postérité, il prenait soin d'auréoler sa vie de pécheur de formes respectables. Ce n'est pas lui qui aurait murmuré comme Talleyrand officiant en habit d'évêque pour la fête de la liberté, le cynique : « Ne me faites pas rire ».

C'est avec son habituelle orgueilleuse fausse modestie qu'il nous révèle l'extraordinaire risque auquel l'exposait son entreprise : « Quelle espérance pouvais-je avoir, moi sans nom et sans prôneurs, de détruire l'influence de Voltaire ? [...] Il était curieux de voir un pygmée *raidir ses petits bras* pour étouffer les progrès du siècle, arrêter la civilisation et faire rétrograder le genre humain ! » Malheureusement cette tentative de modestie est vite gâchée par le torrent d'éloges qu'il s'adresse à lui-même, à l'influence de son livre, que dire, à la révolution qu'il opéra aussi bien dans l'ordre religieux que dans l'ordre culturel ou politique. «On ne se crut plus obligé de rester, momie du néant, entourée de bandelettes philosophiques». Suivent vingt pages de ce même tonneau d'encens à sa gloire. «La littérature se teignit de la couleur de mes tableaux religieux», «la chaire emprunta mes récits des missions et des bienfaits du christianisme», «l'action du *Génie du christianisme* sur les opinions ne se borna pas à une résurrection momentanée d'une religion qu'on croyait au tombeau : une métamorphose plus durable s'opéra [...] l'idée de Dieu et de l'immortalité de l'âme reprit son empire». Et ce livre encore ne fit rien de moins que de «sortir le XVIIIe siècle de son ornière et de le jeter hors de sa voie». Encore grâce à lui «on recommença ou plutôt on commença à étudier les sources du christianisme», «c'est encore à cet ouvrage que se rattache le goût actuel pour les édifices du Moyen Âge». Parvenu à ce point légèrement hystérique d'autosatisfaction, il en vient à confondre son œuvre avec celle du christianisme tout entier, de Jésus, des apôtres et des Pères de l'Église. Religion qu'il avait certes remise à la mode, mais qu'il n'avait tout de même pas inventée. Magie du génie littéraire qui fait tout pardonner jusqu'aux excès d'une désarmante fatuité. On reste sous l'emprise d'un style qui exerce sur nous la fascination hypnotique du cobra sur sa proie.

Et le Concordat? Et Napoléon dans tout cela? De simples anecdotes, des épisodes sans importance. Chateaubriand le rencontre pourtant à une fête donnée par Lucien pour fêter le Concordat. Le Premier Consul va vers lui. Et comme mû par le souvenir de sa première expérience fulgurante de la religion en Égypte, il s'adresse à lui sans préambule, et s'exclame : « J'étais toujours frappé quand je voyais les cheiks tomber à genoux au milieu du désert, se tourner vers l'Orient et toucher le sable de leur front. Qu'était-ce que cette chose inconnue qu'ils adoraient vers l'Orient? » Curieux chemin que celui d'un islam conduisant Bonaparte à reconsidérer la place faite au christianisme.

Pour reconstruire la France, le Premier Consul ne lésinait pas sur les soutiens. Il les prenait partout. Jacobins, anciens émigrés, chouans repentis, régicides. Et maintenant Dieu lui-même. Et la religion « de la grande majorité des Français ».

Chateaubriand, toujours lui, après avoir vanté les mérites du Concordat, s'en désolidarisera, proclamant à la faveur des nouvelles circonstances, le retour de Louis XVIII, que ce fut une erreur dont Bonaparte ne mesura pas la portée : en restaurant la religion catholique, n'avait-il pas du même coup remis en selle la monarchie qui lui était depuis si longtemps associée? Manière de dire aussi qu'étant donné son engagement grâce au *Génie*, il avait une part de responsabilité notable dans cette Restauration.

9

Loi de 1905, la victoire de la mystique laïcarde

« Tout commence en mystique
et finit en politique. »

Péguy

Quand dans la lumière blafarde de la Chambre des députés, devant un hémicycle plein à ras bord et des tribunes combles, toutes vibrantes d'émotion, le président Doumer, la barbiche frémissante, annonça du haut de son perchoir, l'adoption de la loi qui mettait fin aux liens multiséculaires entre l'État et le catholicisme, une immense clameur s'éleva, suivie de vociférations. C'était une victoire qui consacrait un nouveau substantif, la laïcité. Beaucoup plastronnaient, d'autres ne dissimulaient pas leur consternation ; d'autres encore laissaient éclater leur fureur. Pour les uns, c'était l'issue d'un âpre et long combat dans lequel ils voyaient le succès des idées progressistes. Ces idées dont John Locke, Voltaire, les conventionnels, Auguste Comte, Hugo, Michelet, Littré, Zola, Schœlcher, étaient les mânes vénérés. Leur longue lutte contre l'obscurantisme et la calotte n'aurait pas été vaine. On pavoisait au Grand Orient qui avait été le fer de lance de ce combat. Pour beaucoup, c'était une victoire de la raison. Et pourtant que de passions se dissimulaient sous ce vote rien moins que raisonnable, car tout empreint d'arrière-pensées politiques. Les assemblées auxquelles on prête beaucoup de sagesse – et pour cause : elles établissent les lois auxquelles nous devons nous soumettre – ne sont que rarement le temple de la réflexion. Ce sont des corps vivants, sujets aux émotions et aux modes, qui emportés dans les fièvres partisanes oublient souvent de penser au-delà de leur bulletin de vote.

D'autres spectateurs dépités, consternés, ne dissimulaient pas leur émotion et leur tristesse. Ils avaient le sentiment d'assister à une défaite de la France, dont ils n'avaient pas la même vision que leurs adversaires. La France millénaire de Clovis perdait la partie face à la République née avec la Révolution. Ils y voyaient l'amorce d'une nouvelle cassure dans l'esprit public et une forme d'affaiblissement.

Au-dessus de cet hémicycle tumultueux comme une mer en furie, bruyant de congratulations, d'insultes et de haines, planait un fantôme. Combien étaient-ils à penser à lui, à ce petit homme dont on ironisait sur son peu d'ampleur personnelle par rapport à sa légende ? Ce fantôme, c'était Dreyfus. Cet officier juif, victime de toutes les tribulations d'une formidable erreur judiciaire, condamné, dégradé, déporté, réhabilité, était un symbole : il personnifiait l'injustice, une injustice qui avait mis en cause l'armée, le gouvernement et l'Église, qui n'avait pas eu la force morale de se désolidariser, tous confondus dans un même opprobre. On retrouvait le parti du général Boulanger reconstitué.

Seul ou presque Jacques Bainville, qui ne partage pas sur ce point la folie aveugle de Maurras, distingue le dreyfusisme judiciaire auquel il adhère et le dreyfusisme politique qu'il combat. Mais en politique, quand on s'enfonce dans l'erreur, il est très difficile de faire marche arrière. Et surtout de donner raison à des adversaires dont on suspecte les intentions qui, en effet, étaient loin d'être pures. En dehors de quelques courageux idéalistes comme Péguy, Anatole France, André Suarès, Proust, Blum, Bernard Lazare, les autres, les politiques, tablent sur Dreyfus pour remporter la mise des élections et se substituer au gouvernement Méline en chassant les modérés. C'est la parfaite illustration de la phrase de Péguy : « Tout commence en mystique et finit en politique. » Par une néfaste inspiration qu'ils ne tarderont pas à regretter, mais qui s'explique par la hargne de leurs adversaires qui les confondent dans une même exécration, juifs et protestants vont rejoindre le camp des laïcards. Que de bisbilles, que de drames, de règlements de comptes parfois sanglants, vont opposer les partisans des deux camps chauffés à blanc pendant cette période toute bruissante du scandale de Panama, de la grande désillusion du boulangisme, envenimée par l'affaire des fiches et la mort trop mystérieuse pour être naturelle de son initiateur, Syveton. Une atmosphère politique empoisonnée dont Barrès brossera au burin, animé d'un style vengeur, les principaux épisodes dans *Leurs Figures*. Maurras et Daudet se déchaînent, sonnant le tocsin, sentant dans les miasmes de cette pourriture une occasion alléchante de se débarrasser de la République honnie, en réitérant avec plus de succès l'expérience du boulangisme. Aveuglés par leur haine, ils vont servir l'adversaire et lui offrir des armes.

Pauvre droite inconséquente, qui, par ses excès, va effrayer les modérés et les jeter dans le camp de ses adversaires. Côté radicaux, la franc-maçonnerie est à la manœuvre, son rôle alors est considérable et comme le montre avec beaucoup d'impartialité un frère, historien de cette époque, Jean-André Faucher, elle s'est monté la tête sur la question religieuse qui est l'emblème de la France bien-pensante. Se nourrissant de la philosophie des Lumières, d'un voltairianisme à haut voltage, d'un positivisme porté à l'ébullition, les frères du Grand Orient communient dans un athéisme vindicatif. Leur cible est peut-être moins le christianisme que l'Église dont ils soupçonnent l'influence néfaste. Quelle tentation pour les radicaux, les élections gagnées, de faire mordre la poussière à leurs ennemis de droite que de toucher à cette arche qu'ils vénèrent – même s'ils ne sont pas tous, tant s'en faut, particulièrement croyants ni pratiquants – ce catholicisme qui demeure pour eux la pierre angulaire de ce qui reste un magnifique édifice, la France.

Voilà le triste enjeu qui va aboutir à tant de drames, diviser les Français sous prétexte de les réunir, raviver les querelles religieuses, sans aucun autre bénéfice qu'idéologique et une perte considérable de l'influence française dans nos colonies, notamment en Orient où les congrégations diffusaient la langue et la culture françaises. Jamais une décision politique de première importance n'aura eu des causes plus conjoncturelles, subsidiaires, occasionnelles. Et des conséquences lointaines si néfastes, puisque le régime de Vichy, pour son malheur, tentera de conjurer cette division par une division plus grande encore, faisant s'exclamer à Maurras à l'issue de sa condamnation : « C'est la revanche de Dreyfus ! »

La preuve qu'un peu de réflexion eût évité ce séisme, dont la classe politique continue de se glorifier un peu inconsidérément, c'est l'attachement farouche que manifesteront les populations de l'Alsace et de la Moselle, départements récupérés en 1918, pour conserver le statut du Concordat. Leurs représentants associés aux responsables des cultes concernés, catholiques, juifs, protestants, iront jusqu'à menacer le gouvernement de demander leur rattachement à l'Allemagne si on ne leur donnait pas satisfaction. Et aujourd'hui encore, ils ne regrettent pas ce choix même si l'absence de représentation islamique paraît une lacune urgente à réparer.

Dans la houleuse Chambre des députés, au-dessus du perchoir du président Doumer, tout émoustillé d'avoir joué son rôle historique dans le vote de la loi de 1905, trônait, derrière la tribune, un buste de Marianne, représentant la République, ainsi qu'un bas-relief en marbre blanc sculpté figurant deux allégories un peu lourdes, dans la pure tradition républicaine, représentées elles aussi par des femmes, la Renommée proclamant les lois avec une longue trompette et l'Histoire les inscrivant sur une tablette. Ces artistiques spectatrices des débats, vénérées comme des symboles laïcs, faisant éclater la pierre qui les emprisonnait, auraient été en droit de sourire. Ce culte affiché pour les femmes et les déesses que semblaient leur vouer les bons républicains n'allait pas jusqu'à leur accorder le droit de vote. On les suspectait, les malheureuses, de prendre leurs consignes politiques dans le confessionnal. Ce qui est certain, c'est que les femmes ayant eu leur mot à dire, elles n'auraient sans doute pas voté sans hésitation cette loi : non par soumission à la calotte, mais par cet instinct et cette intuition, fruit d'une sensibilité aiguisée par leurs malheurs privés, qui leur fait dépasser les sèches querelles idéologiques et les relie au surnaturel et aux bienfaits de la prière.

C'est alors que René Viviani et Paul Lerolle s'opposèrent à la Chambre des députés. Viviani s'exclamant : « Nous avons éteint dans le ciel des étoiles qu'on ne rallumera plus », Paul Lerolle lui répliqua : « Ces étoiles que vous vous vantez d'avoir éteintes, êtes-vous sûr en les détruisant de ne pas augmenter le nombre des malheureux auxquels vous retirez la consolation et l'espérance ? »

10

Séduction de l'islam : les subtiles convergences

> «Celui qui tue un homme
> tue tous les hommes.
> Celui qui sauve la vie d'un homme
> sauve la vie de tous les hommes.»
>
> Le Coran

«Mais le salut de l'homme, c'est la Foi. Non pas la foi morne en des formules, mais la foi vivante qui rend les âmes fortes, non pas la foi qui brise la volonté et l'énergie, mais celle qui les exalte et les magnifie. Il ne suffit pas de dire et même d'être convaincu que Dieu est Dieu et Mohammed son prophète. Cela ne suffit nullement pour un musulman. Il faut que celui qui se dit musulman se donne corps et âme, et à jamais, jusqu'au martyre, au besoin, à l'islam, que ce dernier pénètre l'âme du croyant, anime chacun de ses actes, chacune de ses paroles. Sans cela toutes les pratiques mystiques ne servent à rien.» Isabelle Eberhardt, dans cet extrait de ses

Journaliers, nous révèle une part de son âme assoiffée d'absolu. Celle-ci a trouvé dans l'islam autant que dans les paysages arides et sauvages du désert un refuge où son inépuisable quête trouve un sens. Elle aurait pu s'exclamer comme le personnage de Balzac dans *Une passion dans le désert* : « Dans le désert, il y a tout et il n'y a rien. C'est Dieu, sans les hommes. » Éblouie par la nature vierge, les douars où subsiste une population bigarrée et hospitalière, attachée à ses coutumes millénaires et à ses rites ancestraux, soudée dans la foi, elle a l'impression de se laver de sa peau d'Occidentale dans un bain de spiritualité. Car cette nomade doit toujours partir ailleurs et toujours souffrir comme pour expier une faute dont elle ignore la cause.

Personnalité inquiète, douloureuse, attachante, toujours en butte au malheur et à l'incompréhension, elle suscite l'admiration des hautes intelligences comme le maréchal Lyautey, qui la soutiendra face aux tracasseries administratives que suscite sa forte personnalité et il aidera à sauver sa mémoire de l'oubli. Il aime en elle une éternelle marginale, un esprit d'une liberté absolue, une irrégulière sur laquelle ne mord aucun conformisme. Sans doute éprouve-t-il aussi avec elle ces subtiles convergences qu'il partageait avec son ami le père de Foucauld, convergences que ressentent tous ceux qui, sans préjugés, sont immergés dans ce Maghreb musulman tout frémissant de passions religieuses. Edmonde Charles-Roux éprouvera pour elle, bien des années après sa disparition, le même enthousiasme puisqu'elle consacrera une biographie à cette grande incomprise chez laquelle elle cherchera à déchiffrer l'énigme de cette existence de géniale écorchée vive. Nul mieux qu'Isabelle Eberhardt ne décrit l'enthousiasme d'une conversion : « Or un soir limpide d'été, quand la grande chaleur lourde du jour se fut apaisée, je passai parmi la foule silencieuse des Musulmans. Le muezzin chantait de sa voix mélancolique aux douces modulations lentes, l'éternel cantique du Dieu unique. Et soudain, comme touchée par une grâce divine, je sentis une exaltation sans nom emporter mon âme vers les régions ignorées de l'extase. Pour la première fois de ma vie, j'entrai avec une joie inexpliquée, intense et douce, dans la fraîcheur parfumée de la Djemaa emplie peu à peu des bruissements étouffés et de vagues échos. Pour la première fois de ma vie en franchissant ce seuil, pourtant familier, je murmurais avec une foi inébranlable : « Allah ou Akbar » « En cette heure bénie les doutes étaient morts et oubliés. Je n'étais plus seule en face de la splendeur triste des mondes. En un frisson de mystère j'eus en un instant précis où se mourait, là-haut, l'appel d'Hassan comme un pressentiment intime d'éternité. »

« Et j'allais les yeux baignés de larmes, extatique, me prosterner devant l'Éternel. »

On le voit dans cette page magnifique que l'islam, qui suscite tant de peurs ancestrales, de défiances irraisonnées, d'incompréhensions, est aussi l'objet en Occident d'une fascination. Car l'islam n'est pas seulement une religion conquérante et orgueilleuse qui a gagné une bonne part de la planète, il est une spiritualité, dont la part la plus connue est le soufisme. C'est souvent par elle que sont venus tous ceux qui se convertiront : Louis Massignon, René Guénon. Leurs motivations furent certes différentes : qu'y a-t-il de commun entre la conversion de Depardieu et celle de la chanteuse Barbara, ou cette méditation qui apparaît dans le testament spirituel du père de Chergé, le prieur des moines martyrs de Tibhirine.

Dans *Les Chrétiens d'Allah*, ouvrage passionnant de Bartolomé et Lucile Bennassar, les auteurs brossent un portrait inattendu de l'islam aux XVIe et XVIIe siècles. Les pays musulmans y apparaissent à certains égards comme des terres de liberté. Notamment dans le domaine sexuel : ni la bigamie ni l'homosexualité n'y sont condamnées comme dans l'Europe d'alors. Une réflexion née d'un travail sur les registres des inquisiteurs en Sicile, chargés de la difficile mission de déterminer si les conversions des hommes et des femmes libérés étaient forcées ou consenties. Certains prisonniers, après l'arraisonnement de leur navire, avaient en effet le choix entre continuer à être esclave, avec tous les inconvénients et les servitudes attachés à ce statut, ou alors se convertir, ce qui leur ouvrait tous les droits des musulmans. Beaucoup se convertirent par intérêt, prenant un nom musulman, armant des galères et faisant fortune dans la piraterie florissante. C'est la zone grise du consentement et de la contrainte que les inquisiteurs étaient chargés d'établir avec bien sûr des conséquences différentes : la mort pour les convertis convaincus, la grâce pour ceux qu'on avait forcés. Reste ceux, dont la proportion reste difficile à définir étant donné les risques encourus, qui découvrirent dans l'islam une religion qui les séduisait et à laquelle ils décidèrent, une fois convertis, de rester fidèles.

Dans l'ordre de la mystique de l'islam, ce sont bizarrement les croisades qui ont établi le premier contact. Les croisés n'étaient pas tous des brutes assoiffées de pillage, de meurtres et de rapines, mus par le fanatisme religieux et la vengeance. Beaucoup subirent l'ensorcellement d'un Orient dont certains de ses raffinements les subjuguèrent. Passions amoureuses que Barrès a décrites dans *Un jardin sur l'Oronte* après avoir subi lui-même l'envoûtement des norias de Hama sur le chemin d'Alep. Éblouissement devant des paysages que ces gens du Nord voyaient apparaître avec émerveillement, charmes d'une civilisation où fleurissaient les poètes soutenus par Soliman le Magnifique. Étonnement et curiosité devant les manifestations d'une religion qu'ils voyaient pratiquée avec tant de ferveur.

Mais c'est par le biais spirituel que devait se faire la rencontre : à travers «la langue des oiseaux» la gnose, le langage ésotérique mystique. Entre chevaliers et grands initiés de l'islam, il y eut des échanges fructueux. René Guénon analysera dans *L'Ésotérisme de Dante* ce premier contact entre l'Orient et l'Occident, y cherchant la confirmation du principe de «la vérité une et universelle». Il y insiste sur l'influence du *Voyage nocturne* de Mohammed le Kitâbel-isrâ et des *Illuminations de La Mecque* (Al futûhât el-Mekkiyah) de Mohyiddin Ibn 'Arabi. Il relève les analogies des textes concernant *L'Enfer* et *Le Paradis* de Dante. Mohyiddin considéré comme un poète mystique est aussi admis dans l'ésotérisme islamique sous l'appellation de Esh-Sheikh-al-Akbar «le plus grand des maîtres spirituels», initiateur des principaux ordres initiatiques de l'islam et même du rosicrucianisme. Ces écoles ésotériques ont eu des ramifications dans les ordres des Templiers et bien sûr dans la franc-maçonnerie. On trouve chez ses disciples, René Daumal ou Julius Evola, la même quête spirituelle.

Mais c'est vraiment Louis Massignon qui va être l'épicentre de la redécouverte spirituelle de l'islam. Libre penseur, athée, en proie à de multiples déchirements, il va découvrir le soufisme et se convertir à l'islam dans les années 1920 avant de retrouver la foi chrétienne. Professeur au Collège de France, son enseignement sur l'islamisme va lui valoir une grande influence. Sa thèse de doctorat sur un prodigieux mystique soufiste, Mansour al-Hallaj, lui confère également une autorité qu'il gardera jusqu'à sa mort et au-delà. Né en 858 de notre ère, 244 de l'hégire, auteur d'une œuvre poétique importante, celui-ci connaît une vie d'errance et de méditation, d'épreuves et d'humiliations, qui vont parachever son expérience mystique. Révéré dans tous les pays du Moyen-Orient qui entendront sa parole, il se fixe à Bagdad où, considéré comme hérétique, à la suite d'une querelle entre chiites et sunnites, il est condamné à la crucifixion en 922. Martyr du soufisme, il est l'un des maîtres de l'expérience mystique. Son influence comme poète et comme mystique marquera profondément l'autre grand poète, Ibn 'Arabi. L'un et l'autre font partie du patrimoine ésotérique soufiste des grands mystiques et révérés comme tels.

L'itinéraire atypique de Roger Garaudy est bien différent, même si à certains égards, il peut apparaître comme un hérétique moderne. Ce marxiste multicarte, chaussé de ses grosses lunettes d'intellectuel, agrégé de philosophie, croix de guerre, résistant, une des têtes pensantes du parti communiste à la tête des *Cahiers du communisme*, est un personnage turbulent en quête d'une foi. Rien ne semblait le prédisposer à devenir une figure singulière du négationnisme. Fervent contempteurs des États-Unis qu'il voit comme le principal vecteur du « totalitarisme du marché », ou

« le monothéisme du marché », il a cru trouver la foi qu'il cherchait au sein du PCF dont il est exclu en 1970 pour avoir dénoncé la normalisation de la Tchécoslovaquie. Il se convertit alors à l'islam en 1982, comme s'il avait besoin d'être enrégimenté dans la discipline d'une religion exigeante et il prend le nom Raja'a, l'espérance. Engagé en faveur de la cause palestinienne, son livre hostile au sionisme, *Les Mythes fondateurs de la politique israélienne*, plein d'une exaltation de néophyte et d'outrances révisionnistes, lui vaudra une sévère condamnation qui l'amènera à s'exiler, en dépit du soutien que lui apportera son ami, l'abbé Pierre. On trouve chez lui un mélange de quête d'absolu : « Ma plus grande fierté est d'être fidèle au rêve de mes vingt ans, l'unité des trois religions, christianisme, judaïsme, et islam », en même temps qu'un aveuglement qui lui fera écrire peu après les attentats du 11 septembre 2001 à New York un pamphlet contre le terrorisme occidental qui exprime un tiers-mondisme chauffé à blanc. L'Occident devient l'ennemi à abattre. Ce combat devait lui valoir le prix décerné par Kadhafi aux sectateurs du tiers-mondisme et de l'antisionisme comme Fidel Castro. Célébré dans le monde musulman comme un héros, il a certainement suscité des disciples parmi les déçus du communisme, qui après avoir été tentés par l'humanisme athée ont trouvé dans l'islam une correspondance religieuse à leur militantisme.

Mais c'est dans le testament spirituel du père de Chergé qu'on sent les plus intéressantes convergences spirituelles : « Je sais les caricatures de l'islam qu'encourage un certain islamisme. Il est trop facile de se donner bonne conscience en identifiant cette voie religieuse avec les intégrismes de ses extrémistes. L'Algérie et l'islam pour moi, c'est autre chose : c'est un corps et une âme. » Une réflexion en résonance avec la méditation du père de Foucauld : « La vue de cette foi, de ces hommes vivant dans la continuelle présence de Dieu m'a fait entrevoir quelque chose de plus grand et de plus vrai que les occupations mondaines », « L'islamisme est extrêmement séduisant ; il m'a séduit à l'excès. »

Chaque année cinq mille personnes en France se convertissent à l'islam. Quelles sont leurs motivations, leur quête, leurs espérances ? Comme pour toute conversion, impossible de tout relier à des questions sociales et de ne pas laisser sa part au mystère.

11

La répulsion islamique

« Nous vaincrons l'Occident
car nous aimons autant la mort
que vous aimez la vie. »

Ben Laden

Le 7 janvier 2015, la France stupéfaite apprenait l'attentat contre *Charlie Hebdo*. L'horreur du crime perpétré contre une équipe de journalistes et de caricaturistes par un commando d'islamistes plongea l'opinion dans l'effroi. Ces journalistes, même si on les disait menacés, semblaient protégés par cette immunité que l'on accorde à ceux qui nous font rire, même si on est loin de partager certaines de leurs provocations. Pour habitué que l'on soit aux horreurs commises par Daech à travers le monde, on ne pouvait imaginer qu'il nous frapperait avec une telle violence à travers des hommes qui faisaient partie de notre paysage. Soudain on prenait conscience de la menace qui pesait dont on ne mesurait pas la gravité et qui pouvait atteindre chacun tout aussi injustement. Et la cible choisie donnait à l'horreur du crime une dimension supplémentaire. La France, pays de la liberté et de la légèreté, a toujours donné un passe-droit à l'humour, fût-il grinçant, déplacé, ordurier. Ses humoristes et caricaturistes ont toujours joui d'un privilège spécial. Quelle que fût la gravité de leurs attaques, aucun gouvernement ne s'est permis de les faire condamner. Et quand ils l'ont fait, ce fut toujours à leur détriment. Depuis Daumier, Forain, Sennep, Dubout, Plantu, on s'est habitué à voir les orgueilleux politiques corrigés comme Guignol par la fessée publique de l'humour. Wolinski et Cabu, dans des genres différents, détenaient une forme de génie, qui concurremment avec *Le Canard enchaîné*, représentaient une part de l'esprit français. Par des mystérieuses connexions et correspondances, ce crime semblait symboliquement assassiner Voltaire.

Toute la France, à commencer par la classe politique prompte à récupérer les émotions, cria son indignation. Une manifestation monstre se déroula place de la République dont les banderoles reprenaient le slogan : « Je suis Charlie », sur le modèle de Kennedy proclamant : « Ich bin ein Berliner. » Que des manifestants bouleversés laissent paraître ainsi une indignation légitime, quoi de plus naturel ! Que le gouvernement reprenne à son compte ce slogan devenait plus problématique. Voulant se mettre au diapason de l'opinion, il en oubliait qu'on lui demande certes d'avoir un cœur – et le lui demande-t-on ? – mais aussi, s'il se peut, de réfléchir. Or si les Français condamnaient à l'évidence le crime, un certain nombre d'entre eux ne cautionnaient nullement le blasphème commis par *Charlie Hebdo* à l'encontre de Mahomet. Car pour beaucoup il existe une ligne de démarcation entre caricature et blasphème. Et ils n'appréciaient pas plus les dessins orduriers publiés contre le pape, mère Teresa ou le Christ. Le gouvernement n'eût-il pas été mieux inspiré en se ralliant à un slogan plus vaste et plus juste : « Je suis la France », qui exprimant l'esprit de tolérance propre à ce pays et son admiration pour les géniaux caricaturistes assassinés, évitait de faire cause commune avec les auteurs du blasphème. Non que le blasphème soit judiciairement répréhensible, il ne l'est plus depuis longtemps et c'est tant mieux, mais il ne peut être approuvé sans indécence par un quelconque pouvoir, fût-il laïc.

Le président de la République pourtant réitérera cette position plus tard à l'occasion de l'odieux meurtre de Samuel Paty, conséquence collatérale de ces caricatures, en proclamant que la République accordait « un droit au blasphème ». Proclamation qui provoqua un tollé dans le monde arabe et amena Emmanuel Macron à nuancer sa position. À la suite de cette déclaration, plusieurs maires, l'écrivain Pascal Bruckner et quelques journalistes, considérèrent que c'était un devoir de publier ces caricatures litigieuses et même de les afficher dans les mairies afin de faire plier les musulmans français à notre manière de voir. On voulait ainsi les obliger à reconnaître publiquement ce droit à ce que l'on appelle indûment des « caricatures », mais qui en réalité sont des blasphèmes.

Cette République, qui fait si peu de cas de ces blasphèmes quand ils sont religieux, et qui va même jusqu'à les encourager, n'est-elle pas encline à réprimer sévèrement par des lois ces blasphèmes lorsqu'ils sont de l'ordre laïc et touchent un certain nombre de valeurs sacrées de la République ? C'est là où le bât blesse. La République en voie curieuse de divinisation s'accorde le droit de condamner ceux qui transgressent les tables de la loi : les atteintes à l'honneur de l'armée et de la police – et même *Hara-Kiri*, l'ancêtre de *Charlie Hebdo* – pour avoir commis un genre particulier de « blasphème républicain » : une caricature de De Gaulle le jour de sa mort intitulée : « Bal tragique à Colombey : un mort ». Mais la même condamnation pénale touche la remise en cause des chambres à gaz, des camps de concentration, du génocide arménien, qui autrefois n'étaient que des délits d'opinion et qui sont, qu'on le veuille ou non, depuis que la loi les réprime, autant de « blasphèmes laïcs ». Brûler le drapeau français est passible d'une amende et d'une peine de prison. Les multiples condamnations de l'humoriste Dieudonné pour ses propos, si choquants soient-ils, ressortent du même registre du blasphème républicain.

La République éprouve donc pour elle-même, quel que soit le moyen législatif employé pour le faire respecter, la nécessité d'une protection du « sacré » qu'elle conteste à ceux qui, adeptes ou nom d'une religion, jugent que celles-ci ont droit à un minimum de respect. D'ailleurs les départements toujours bénéficiaires du Concordat, l'Alsace et la Moselle, ont continué de condamner le blasphème jusqu'à une date récente : l'article 166 du code pénal d'Alsace-Moselle stipule en effet que : « Celui qui aura causé un scandale en blasphémant publiquement contre Dieu par des propos outrageants ou aura publiquement outragé un des cultes chrétiens ou une communauté religieuse établie sur le territoire de la Confédération sera puni d'un emprisonnement de trois ans au plus. » Même si cette législation n'est plus appliquée, elle donnait un signal moral qu'on peut méditer.

Sur cette condamnation du blasphème, la République est loin d'être unanime. Lors de la fatwa lancée par les islamistes contre l'écrivain Salman Rushdie, auteur des *Versets sataniques*, Jacques Chirac condamnera vertement le blasphème vis-à-vis de l'islam : « Je n'ai aucune estime pour M. Rushdie. J'ai lu ce qui a été publié dans la presse. C'est misérable. » De plus, à trois reprises, il lui interdira de venir séjourner en France. C'est là le cœur du problème. Comment faire revenir vers les valeurs françaises,

« valeurs républicaines », des musulmans qui, dans leur ensemble, ne paraissent nullement hostiles à la République sans prendre en compte leur exigence – que partagent beaucoup de chrétiens, de juifs, et même d'agnostiques ou d'athées simplement respectueux du fait religieux, de voir les religions respectées.

L'islam en Occident fait peur. On pourrait aisément psychanalyser les origines de cette défiance. L'histoire a longtemps fait de l'islam l'ennemi de la chrétienté. Les croisades, la chute de Constantinople, la bataille de Lépante, la guerre d'Algérie, ont nourri des angoisses ravivées par les attentats islamistes. Pourtant en France, en dépit de quelques frictions sur le voile notamment, l'immense majorité des musulmans semble ne pas être trop malheureuse de vivre dans un pays où ils coexistent bon an mal an avec notre art de vivre. Reste la question du caractère jugé pernicieux de l'islam et de son impossible fusion avec les lois de la République.

Je me souviens de l'argumentation en pleine cour d'assises du président Djian qui jugeait le jardinier Omar Raddad pour le crime qu'on le soupçonnait injustement d'avoir commis sur sa patronne, Mme Marchal. Le magistrat considérait que l'égorgement du mouton pour la fête de l'Aïd el-Kébir laissait penser que le prévenu pouvait passer aisément de cette pratique religieuse à un assassinat commis dans des circonstances barbares. C'est dire la prévention contre une religion mal connue par ceux qui ne la pratiquent pas et laissent libre cours à leurs fantasmes. La religion musulmane est tellement éclatée en chapelles, elle revêt au long de l'histoire, et selon les pays où on la pratique, tant d'avatars qu'il est difficile de juger en bloc de ses qualités et de ses défauts. Pas plus qu'on ne peut juger le catholicisme en bloc.

Pour éviter d'entrer dans un débat théologique, le mieux est encore de l'examiner sous l'aspect de son insertion sociale en France. En dehors des imams qui prêchent outrageusement contre la France et des islamistes déclarés, les fichés S, et bien sûr de la dizaine d'assassins qui ont commis des crimes, celui de Nice, celui du Bataclan, celui du père Hamel, les problèmes que pose l'islam sont ceux d'une communauté marginalisée, pénalisée par la multiplicité de ses chefs religieux. Leurs divergences au sein du CFCM les empêchent de s'entendre sur une charte commune avec les responsables gouvernementaux. Ils n'ont pas comme les catholiques, un archevêque ; comme les juifs, un grand rabbin ; comme les orthodoxes, le patriarche de Constantinople. Ils sont divisés en une multitude de communautés. Leur représentation pose donc un problème non réglé d'ailleurs dans les départements régis par le régime du Concordat.

Reste la question épineuse de l'adaptabilité de l'islam avec la France. Le père de Foucauld pourtant non suspect d'être hostile aux musulmans marque cependant des réserves. Répondant à cette interrogation dans une lettre à l'écrivain René Bazin, il écrit : « Exceptionnellement, oui. D'une manière générale, non. Plusieurs dogmes fondamentaux musulmans s'y opposent. Dans cette foi, le musulman regarde l'islam comme sa vraie patrie et les peuples non musulmans destinés à être tôt ou tard subjugués par lui musulman ou par ses descendants ; s'il est soumis à une nation non musulmane, c'est une épreuve passagère… d'une façon générale, sauf exception, tant qu'ils seront musulmans, ils ne seront pas français, même s'ils peuvent se battre avec un grand courage pour la France, par sentiment d'honneur. »

Le pape Benoît XVI dans son fameux discours de Ratisbonne, qui a suscité tant de controverses, s'exprime à propos de la divergence sur le djihad, la guerre sainte, prônée par certains musulmans en opposition avec la sourate de Mahomet : « Pas de contrainte en matière de foi ». Il cite l'empereur Manuel II Paléologue qui considère « qu'agir contre la raison (le logos), c'est agir contre la nature de Dieu », alors que son interlocuteur musulman estime, lui, « que Dieu est transcendant, sa volonté n'est liée à aucune de nos catégories, fût-ce celle qui consiste à être raisonnable ».

Dans son livre d'entretiens *Le Sel de la terre*, le cardinal Ratzinger avait déjà analysé les difficultés de compréhension avec les musulmans : « L'islam ne connaît absolument pas la séparation des domaines politique et religieux, inhérente au christianisme dès le début. Le Coran est une loi religieuse totalisante, qui règle la totalité de la vie politique et sociale et exige que toute l'organisation de la vie soit dictée par l'islam.» Le cardinal se montrait également inquiet de la faiblesse de la croyance en Occident par rapport à l'islam : «Selon les musulmans les pays occidentaux ne peuvent plus proclamer de message moral, ils n'ont à offrir qu'un savoir-faire technique… Toujours selon eux, la religion chrétienne a abdiqué, elle n'existe plus en tant que religion… Les chrétiens n'ont plus de morale ni de foi, il n'y a plus chez eux que quelques restes d'idée moderne inspirés des Lumières… Cette volonté de vivre de l'islam, c'est là sa grande force. Ils proclament : "Nous avons un message moral, intact depuis les prophètes, et nous dirons au monde comme on doit vivre, les chrétiens ne le peuvent pas." Nous devons naturellement nous confronter avec cette force intérieure de l'islam, qui fascine aussi des milieux universitaires.»

Le futur pape mettait le doigt sur la vraie question : comment redonner force à un catholicisme hésitant, en perte de vitesse, pour lui permettre d'affronter un islam dynamique et conquérant ?

12

Force de l'islam ou faiblesse de la France ?

«Je porte en moi ce mal de la France,
que personne que moi ne porte.
Au milieu de ceux qui dorment
et au milieu de ceux qui rient,
le malheur de la France
me réveille la nuit.»

Montherlant

Regardons autour de nous. Le spectacle n'est pas exaltant. Sans tomber dans les lamentations à la Renan sur la dégringolade morale de la France ou pire encore dans les accusations pétainistes sur les intellectuels décadents et les écrivains démoralisateurs qui ont détruit nos vertus ancestrales d'endurance et de courage, voyons les choses en face. «Tout ce qui nous entoure nous inspire notre devoir», écrivait Bertrand de Jouvenel dans *Du pouvoir*, son livre magistral. Et autour de nous, que reste-t-il encore debout ? À vrai dire pas grand-chose.

La déconstruction chère à Jacques Derrida a tout chamboulé. La France édifice fort et fragile semble avoir réuni ses forces pour sa destruction. Car contrairement aux autres pays comme l'Angleterre, l'Allemagne, les États-Unis – à la société civile forte – qui préfèrent se mentir plutôt que de reconnaître leurs erreurs, la France les ressasse à l'infini. Tel un personnage dostoïevskien, elle s'observe dans sa propre destruction, impuissante à s'amender. Comme si l'abîme la fascinait. Espérant toujours dans le miracle qui la sauvera. On pourrait même croire, si l'on suivait les conceptions providentialistes de Joseph de Maistre, qu'il y a eu une forme de conspiration historique pour détruire ce qui demeurait solide en France. Ou plutôt on a assisté à une inversion des qualités et des piliers sur lesquels reposait la France. Ce qui résistait est devenu une faiblesse.

Historiquement avec l'épisode noir de Vichy et des affrontements franco-français qui en ont résulté, la France a traversé la crise la plus déstabilisante depuis la Révolution. Les années loin d'apaiser ces blessures n'ont fait que les aggraver. On y a ajouté la culpabilité anachronique du colonialisme. Les Français n'ont de cesse de ronger leurs blessures et de torturer leurs plaies. Cherchant sans fin jusque dans l'affaire Dreyfus l'origine du mal qui leur a été inoculé. Nation passionnante à l'examen de conscience exacerbé, brûlant dans le repentir, incapable de se pardonner ses fautes, ni de les contextualiser, elle semble vouée à l'expiation éternelle. En perpétuelle querelle théologique avec son passé, elle use ses forces sans profit. La démocratie, en transmettant ce mal d'être des élites au peuple, fait de la France un vaisseau fantôme qui à force de se sentir coupable ne sait plus où il va.

On sait que la débâcle de 1940 fut le fruit amer des circonstances. Elle était quasiment inscrite dans les faits. Que pouvaient un peuple courageux, des soldats prêts au sacrifice puisque près de quatre-vingt mille d'entre eux périrent, surmontant le défaitisme ambiant alimenté par le souvenir proche d'une guerre de 1914-1918 qui fut la plus meurtrière de notre histoire, face à un système politique de l'irresponsabilité. Sans véritable chef, sans cohésion ni militaire ni politique, un état d'esprit corrompu par les divisions, un parti communiste pactisant avec l'ennemi. Il ne lui restait que la ressource d'abdiquer. Et de trouver dans cette abdication l'occasion de se déchirer.

Cette même abdication d'un tout autre ordre, c'est celle dans laquelle nous nous trouvons face à l'ambition de l'islam. Car le danger ne réside pas tant dans la puissance et la dynamique de la religion de Mahomet que dans notre faiblesse.

Les causes en sont multiples. Et il ne s'agit pas seulement de la question de la croyance, qui n'est qu'une partie du problème, que d'une question de civilisation. Les croyances peuvent coexister. La question qui se pose, c'est le maintien de la civilisation française, conception particulière qui si elle s'insère dans la civilisation européenne, n'en est pas moins originale. La civilisation n'a pas le même sens pour un Français, un Allemand ou pour un Anglais. Certes on reconnaît à de Gaulle d'avoir insufflé à la nation une énergie qu'elle gaspillait en querelles de partis en dotant le pays d'institutions capables d'exercer un pouvoir digne de ce nom. Cette monarchie élective de la Ve République qui redonnait à l'État des moyens d'agir. Mais les institutions aujourd'hui font penser à ces bateaux qui se croisaient autrefois dans la mer d'Aral et qui sont maintenant échoués faute d'eau pour leur permettre de se mouvoir. L'État est là, symbolique, majestueux, même s'il donne des signes d'impuissance, mais ses soutiens naturels ont disparu ou sont en passe de se volatiliser.

Plusieurs facteurs essentiels ont en effet contribué à unir les Français entre eux et à constituer une force sur laquelle pouvait s'appuyer l'État. D'abord l'idée de nation. Idéal qui s'est substitué au roi et au principe monarchique. Cette nation, c'est à la fois un passé commun, une culture et des valeurs en partage, des principes, tous ces éléments plongeant bien évidemment leurs racines dans l'Ancien Régime, et dans son appui millénaire, le catholicisme. Ainsi l'idée de liberté, d'opposition farouche à l'esclavage, qui apparaît très tôt en France. Un édit de Louis le Hutin de 1315 proclame : « Le sol de France affranchit l'homme qui le touche. »

Ces piliers de la nation française, ceux qui plus ou moins souterrainement soutenaient la nation, quels sont-ils, ou plutôt quels étaient-ils car ils se sont affaiblis voire délités ?

Tout d'abord la littérature. Cette priorité peut paraître paradoxale voire provocatrice tant la littérature apparaît aujourd'hui marginalisée. Pour éviter d'essuyer le reproche de défendre une conception personnelle, je vais me référer au jugement de deux grands connaisseurs de la France qui s'expriment vers 1930, Ernst Robert Curtius et Friedrich Sieburg, l'auteur de *Dieu est-il Français ?* Des écrivains allemands éminents, d'une très vaste culture, qui ont voué une folle admiration à la France. Eh bien pour l'un comme pour l'autre, la véritable marque de notre génie national, c'est l'importance accordée en France à la littérature, comparable à la passion des Allemands pour la musique et à celle des Anglais pour le sport. Curtius écrit : « La littérature joue un rôle capital dans la conscience que la France prend d'elle-même et de sa civilisation. Aucune autre nation ne lui accorde une place comparable. Il n'y a qu'en France où la nation entière considère la littérature comme l'expression représentative de ses destinées. [...] Sa fonction essentielle est de servir à la fois de centre et de lien à toutes les manifestations de son évolution historique. [...] En France, toutes les idéologies nationales sont sorties de la littérature et en sont restées imprégnées.»

Et Friedrich Sieburg, loin de contester cette assertion, surenchérit : «Jamais séparée de la civilisation, jamais affranchie de ses lois, elle pourrait laisser croire qu'elle n'en est qu'une des nombreuses et des plus agréables fonctions. Mais en réalité elle est une nouvelle preuve de l'unité humaniste de la nation française... cette littérature, qui par la richesse de l'expression, par la somme de ce qui est décrit, analysé, ordonné, par son niveau et son caractère humain, supérieure à celle de tous les autres pays, n'est pas détournée de la vie sociale, mais au contraire en forme une partie intégrante. Ce n'est pas le savant qui occupe en France la première place parmi les intellectuels, mais l'écrivain, qui est destiné à faire contrepoids aux spécialistes.» Pour ces grands esprits allemands, la littérature est le lien qui relie les Français entre eux par-delà leurs divisions, abolissant les séparations, les oppositions politiques ou sociales. Les Français toutes classes confondues communient dans l'admiration du vicomte Chateaubriand, du communiste Aragon, dans la prose aérienne du pacifiste Giono, ou dans les géniales invectives de Léon Bloy.

Et ces éloges sur la littérature française, sur le rôle qu'elle joue dans notre pays sont accompagnés d'un hymne non moins vif à la langue française. Des hommages qui nous font honte aujourd'hui que la littérature et la langue sont malmenées dans l'indifférence sinon des Français eux-mêmes, du moins de leurs dirigeants politiques. Pour la littérature, il est évident que la mode américaine des listes de best-sellers qui a peu à peu supplanté les jugements de la critique a eu un effet néfaste. Elle a développé la mode du livre à vocation strictement commerciale dans lequel tout souci littéraire est banni. Des ouvrages qui peuvent être écrits agréablement mais expurgés de tout arrière-plan artistique ou spirituel. Si le critère de la qualité littéraire est la vente des livres, si le jugement retenu est celui du plus grand nombre, extrapolation de l'expression démocratique, il nous faudrait réviser toute l'histoire littéraire française : les chefs-d'œuvre, mis à part *Les Misérables* de Victor Hugo, et ceux de quelques autres, ont été la plupart du temps des échecs de librairie. Le maigre tirage de *La Chartreuse de Parme* (moins de cinq cents exemplaires vendus) n'empêche nullement Stendhal de figurer aux côtés de Napoléon parmi les gloires dont nous pouvons nous enorgueillir.

Cette confusion est entretenue par les responsables politiques qui ne font pas la différence entre le livre, de l'ordre de l'éducation voire de l'alphabétisation, et la littérature d'ordre artistique et spirituel. On défend le livre en soi sans s'interroger sur ce qui le soutenait, l'irriguait, lui apportait sa substance dont les néophytes avaient besoin pas seulement pour se distraire mais pour approfondir leur être, apprendre à vivre et à aimer. Fonction que n'occupera jamais un best-seller, concocté laborieusement sur des critères commerciaux.

À l'opposé, on trouve une production romanesque marquée par l'intellectualisme et l'abstraction germanique. Littérature déshumanisée, didactique, peuplée d'êtres de raison, des fantoches gonflés de concepts, d'où l'humour et la fantaisie sont bannis. C'est ce qui fera dire à Jean-François Revel : « les Français sont littérairement devenus des Allemands. » Que ne suivent-ils leur tradition et les beaux auteurs qui l'ont illustrée et que le monde entier révère. Hannah Arendt, magnifique philosophe et littéraire éclairée, se plaignait de cette déviation romanesque, jugeant que ce qui était le plus beau au monde, le plus important dans l'ordre de l'art « c'était une histoire bien racontée ».

Autre élément de la lente disparition de la littérature, la tyrannie du réel considéré comme plus en rapport avec l'actualité et la vie quotidienne. Arrière-petit-fils du réalisme et du naturalisme qui néanmoins avait une grande considération pour l'art d'écrire. En fait la littérature est en train de prendre le chemin de la poésie terriblement marginalisée. D'où une forme d'indifférence aux grands écrivains comme Montherlant, Bernanos, Claudel, voués non seulement aux oubliettes en compagnie d'Anatole France et d'une bonne part de notre patrimoine littéraire, mais objets d'un rejet, considérés comme ennuyeux et démodés. La littérature tend à devenir un vestige de notre vieille culture n'ayant plus sa place dans la « modernité ».

Quant à la langue française, il ne faut pas se le dissimuler, elle est moribonde. Mais qui ose encore le crier sous peine d'être traité de ringard ? C'est un malade au dernier degré de la réanimation. La langue est peu à peu sur le chemin d'un globish, fruit de la colonisation culturelle anglo-américaine. Une influence pernicieuse qui n'a rien à voir avec les traditionnels emprunts aux langues étrangères. Non seulement le franglais envahit le langage par des mots et des expressions qui pourraient être exprimés en français, mais il s'insinue dans la syntaxe qu'il corrompt. Pourquoi employer le mot « parking » et non pas « parc » comme les Canadiens, pourquoi « cluster » et non « foyer », pourquoi « pick and collect » et non « choisir et ramasser ». Pourquoi « blockbuster », « period room », « Sun Trip », « French Impact », « inspired by you », « congratulations », « zoom », « live », « challenge », « cookies », « newsletter », « box », « cloud », « running », « traffic », « model », « Good France », « GoodPlanet » « Green Speed », « tracking ». Sans évoquer par charité la consternante innovation de notre carte d'identité nationale rebaptisée « French national identity card » ; ou encore autre sacrilège, notre bonne vieille Sorbonne, créée en 1257, berceau de notre culture, renommée sur un modèle anglosaxon « Sorbonne université ».

Un véritable suicide linguistique. À ce train la langue française que nous avons connue va devenir une langue morte et morte avec elle les valeurs esthétiques et spirituelles qu'elle véhiculait.

Déjà Cioran se lamentait il y a quarante ans : « Aujourd'hui que cette langue est en plein déclin, ce qui m'attriste le plus, c'est de constater que les Français n'ont pas l'air d'en souffrir. Et c'est moi, rebut des Balkans, qui me désole de la voir sombrer. Eh bien, je coulerai, inconsolable, avec elle ! » Suivi par Étiemble et son fameux livre *Parlez-vous franglais ?* : « Les Français passent pour cocardiers ; je ne les crois pas indignes de leur légende. Comment alors se fait-il qu'en moins de vingt ans, depuis 1945, ils aient saboté avec entêtement, et soient aujourd'hui sur le point de ruiner ce qui reste leur meilleur titre à la prétention qu'ils affichent : le français. »

Même constat pour l'histoire, source et illustration de la nation. Elle est aujourd'hui gangrenée par les mouvements de repentance. On en juge les protagonistes sans souci de contextualisation. L'exemple le plus topique étant l'ouvrage de Jospin sur Napoléon jugé à l'aune d'un progressisme étriqué. Et que dire de la plupart des commentaires débiles qui veulent faire barrage à la célébration du bicentenaire de sa mort. Plus globalement elle se ressent de la vieille théorie de la lutte des classes qui oppose de manière caricaturale les bons et les mauvais en les soumettant à la stricte observance des principes de la

République. D'où son expulsion programmée des manuels scolaires.

A disparu aussi, selon les mêmes auteurs, Curtius et Sieburg, une façon d'être, une forme d'esprit et d'humour qui irriguait l'esprit français. Enfin autre pièce maîtresse en plein déclin, une religion, qui reliait tous ces éléments. Car la France, pays hautement religieux, reste chrétienne y compris sous ses proclamations d'athéisme. Elle est pétrie de christianisme jusqu'à la moelle. Ce christianisme a imprégné, qu'on le veuille ou non, ses lois, ses mœurs, sa sensibilité. Comme l'écrit encore Curtius : « La religion catholique est indissolublement liée à la substance même de la France ; elle forme un des traits permanents de sa physionomie spirituelle. Il existe, entre la France et le catholicisme, un lien vital de caractère exceptionnel – certains vont même jusqu'à dire, le caractère surnaturel. » Et Sieburg ajoute : « La France est catholique en ceci qu'aujourd'hui encore elle ne distingue pas entre les races. On peut devenir français comme on se fait baptiser. On entre dans la nation française comme dans une communauté religieuse constituée non par le sang, mais par l'esprit. »

Ce constat de notre persistance catholique fait un peu sourire aujourd'hui tandis que nous débattons sur les questions de la laïcité au cours desquelles les laïcistes et les athées purs et durs semblent plus influents que les fidèles, résignés, de l'Église. N'est-ce pas Gorbatchev qui ironisait sur notre extraordinaire perméabilité au stalinisme ? « La France est le seul pays où le communisme ait réussi. »

Cette religion catholique, par quel mystère s'est-elle effacée de notre paysage ? D'où vient qu'elle a perdu son crédit et n'est plus le lien qui unissait les Français ?

13

Vatican II ouvre les vannes

> «Le pharisien est un homme
> qui croit en Dieu et qui croit
> que Dieu est content de lui.»
>
> Alain

Quand les cardinaux, les évêques et les pères conciliaires se réunirent, tout de rouge vêtus, sertis de l'éclat de la pompe vaticane, autour du pape Jean XXIII, dans la basilique Saint-Pierre de Rome, ce 11 octobre 1962, ils avaient tous conscience que ce XXIe concile œcuménique marquerait une date dans l'histoire de l'Église, ignorant encore son appellation de Vatican II. Sous les voûtes imaginées par Michel-Ange, Le Bernin, Bramante, près de trois mille hommes d'Église mettaient leurs pas dans ceux des successeurs de saint Pierre. Sentaient-ils, vibrant sous le dallage de marbre, dans les profondeurs de la terre, les âmes des martyrs qui avaient servi aux jeux dans le cirque de Caligula et de Néron dont les pierres éclaboussées de sang avaient servi à construire l'édifice ? Comme leurs prédécesseurs, ils avaient en tête d'œuvrer pour le bien de la communauté chrétienne en respectant ses deux principes fondamentaux : la fidélité à l'Évangile et l'unité sacro-sainte de l'Église. À partir de là commençaient leurs divergences.

Si tout le monde était d'accord pour un aggiornamento, chacun en avait sa conception propre. S'opposaient avec toutes les formes doucereuses de l'onctuosité ecclésiastique les tenants du progressisme appelés la « majorité » (quatre-vingts pour cent environ) parmi lesquels monseigneur Suenens et le patriarche Maximos IV avec le renfort du pape Jean XXIII lui-même, et les traditionalistes et intégristes « la minorité » dont monseigneur Ottaviani, et monseigneur Lefebvre, qui fera beaucoup parler lui, avec toutes les nuances que peuvent comporter ces termes vagues. Autre ligne de démarcation, ceux qui se montraient pleins d'optimisme croyant qu'ils allaient réinsérer enfin l'Église dans le monde moderne et ceux qui craignaient d'être emportés au-delà de leurs souhaits dans la voie du changement. Les plus perspicaces redoutaient les conséquences.

N'y avait-il pas un risque à réunir autant d'hommes de foi dans une époque moralement troublée, balayée par des vents contraires et des aspirations diffuses ? À ce risque que comportait un concile s'ajoutait qu'il semblait être organisé comme des états généraux de l'Église. Le précédent de 1789, certes dans l'ordre séculier, n'était guère encourageant. Les votes et les conseils d'une assemblée aussi nombreuse qui entouraient Jean XXIII (près de vingt fois plus de participants que lors des précédents conciles) n'offraient-ils pas un plus grand danger que de se fier à l'infaillibilité pontificale ? Mais l'Église, là encore, s'inspirant des préjugés démocratiques, voulait montrer son ouverture. Une innovation : la présence de cinquante-trois observateurs chrétiens « non catholiques », représentants de l'Église orthodoxe, des protestants, des anglicans, sans droit à la parole ni votes. Et même grande nouveauté, des « periti » : des experts qui conseillaient les évêques, plus treize laïques dont le philosophe Jean Guitton, choisi de préférence à Jacques Maritain, et auteur d'un essai de circonstance, *Le Christ écartelé*.

Car cette question du monde moderne et des aggiornamentos nécessaires pour tenter de le rejoindre est au cœur de la papauté depuis sa création. Les conciles ont été littéralement obsédés par cette question : comment rester fidèle à l'Évangile tout en faisant des concessions au monde moderne. Tous les papes et cardinaux auraient pu s'exclamer comme le héros du *Guépard* de Lampedusa : « Il faut que tout change pour que rien ne change. » Les sessions se déroulaient en latin. Et l'ordre du jour pour près de trois années offrait trois chapitres d'ordres différents, également délicats.

Tout d'abord le sujet que l'actualité offrait en priorité à leur réflexion, et dont l'opinion attendait ardemment une réponse, concernait les questions qui tournaient autour de la sexualité : célibat des prêtres, contrôle des naissances accentué par la mise en circuit de la pilule, le préservatif, la reconnaissance des divorcés. Le Magistère pontifical, dans les années suivant le concile, allait sur ce point se montrer fermé à toute évolution. La sacralisation de la vie au nom du respect de la nature sembla à beaucoup en contradiction avec le dogme en dépit de l'intervention de Jean Guitton qui estimait en philosophe que cette question du respect de la nature pouvait s'interpréter en faveur de la pilule, dont la pratique ne lui paraissait pas contradictoire avec la méthode de température appelée méthode Ogino, elle, autorisée. Le pape Paul VI, après bien des débats qui durèrent deux années, se montra intransigeant. Et ce fut la première déception pour l'opinion. Pas seulement celle représentée par le monde catholique, mais par l'opinion occidentale tout entière toujours à l'affût des décisions de l'Église. C'est sans doute ce qui retarda son adoption en France jusqu'en 1967.

La question liturgique longuement débattue rallia en revanche beaucoup de suffrages. On voulait dépoussiérer une pratique ancestrale afin de se rapprocher des fidèles en supprimant le latin, la langue universelle de l'Église, au profit des langues vernaculaires déjà en usage pour les sermons. Le prêtre devait se rapprocher de ses ouailles en descendant de sa chaire, ex cathedra, et en leur parlant la langue de tous les jours. La tradition pourtant si importante dans l'Église, si révérée, leur semblait un obstacle à son évolution : se passer du latin apparut comme un moyen de faire revenir le bon peuple à la messe. C'était le point le plus discutable. Il provoqua une controverse qui entre autres désaccords aboutit à une forme de schisme dû autant à l'intransigeance de Mgr Lefebvre qu'à celle des pères conciliaires. Mais beaucoup de catholiques partisans du concile qui, bien que d'accord avec ses réticences, ne voulurent pas faire cause commune avec l'évêque d'Écône, témoignèrent de leur tristesse. Tels Mauriac, Julien Green ou Jacques Maritain. On refusa également à Mgr Lefebvre la solennelle condamnation du communisme qu'il réclamait. On avait trente ans plus tôt condamné l'Action française pour des raisons semble-t-il tout de même moins essentielles.

Autre point qui fut débattu : l'œcuménisme. Le concile ouvrait la porte aux interprétations progressistes. L'Église avait voulu pourtant affirmer que, bien que détentrice de la vérité, il se pouvait que des fragments de cette vérité puissent se trouver dans d'autres confessions ou Églises séparées. Ce qui lui valut le reproche de relativisme. Cet œcuménisme profita bizarrement plus aux adversaires de l'Église qu'à ceux qui en son sein (la minorité) manifestaient des désaccords. Envers ceux-ci la majorité ne leur fit pas de cadeau : elle se montra autoritaire et intransigeante.

Sur l'exégèse, et l'interprétation des textes fondateurs, questions assez lointaines pour l'opinion et qui concernaient surtout les théologiens, les chercheurs, et les philosophes chrétiens, le concile accorda toutes les concessions possibles. Le parti de l'intelligence qui voulait que l'on pût examiner les premiers écrits, les confronter, au risque qu'ils se contredisent, l'emportait sur les partisans d'une vision surnaturelle. On relevait symboliquement Renan de la mise à l'index. L'Église décidait de porter un regard froid sur ses origines. Un regard protestant ?

En fait Vatican II avait soulevé un tel espoir que beaucoup préférèrent s'aveugler pour ne pas trop doucher leur enthousiasme. Mais au fond celui-ci ne satisfaisait pleinement personne, laissant la plupart des participants frustrés. Les partisans du mouvement trouvaient qu'on n'avait pas été assez loin, les conservateurs qu'on s'était laissé griser par l'air du temps. On en retiendra surtout l'idée que l'Église splendide, triomphante, conquérante, se résignait à ne plus être seule : « Le chemin, la vérité, la vie ». Bonne fille, elle partage la vérité. Si l'on n'est pas très attentif aux textes, le prosélytisme ne lui semblait plus être essentiel. D'autre part, malgré de vibrantes parenthèses sur l'art sacré et la beauté des textes, l'Église met un terme à cette pompe qui auréolait son prestige, à sa dilection pour les arts qui avaient magnifiquement illustré son message, suivant en cela la tradition gréco-romaine, la vérité portée par la beauté. Le merveilleux chrétien s'estompe au profit d'un prosaïsme religieux et d'une austérité qui ôte la soutane aux prêtres pour qu'ils ne soient pas trop différents des autres hommes. Que comme les pasteurs protestants, ils n'arborent pas orgueilleusement leur sacerdoce, mais se glissent discrètement dans la foule des fidèles. D'une certaine façon l'Église se ressentait d'une longue inspiration janséniste. Surtout on voyait la marque du protestantisme dont elle semblait de plus en plus subir l'influence.

Telle qu'elle ressortait du concile, l'Église était-elle prête à affronter les grands défis qui s'offraient à elle ? Sans entrer totalement dans la querelle ouverte par Mgr Lefebvre, et surtout les provocations politiques qu'il lancera par la suite, il faut admettre qu'elle perdait beaucoup de son charme, certains disaient de son âme. Les décisions des pères conciliaires se ressentaient des effets d'un vote collectif où les participants ont tendance à s'entendre sur le plus petit dénominateur commun. S'il n'y a pas de vérité absolue comme le proclame le concile, tout le passé de l'Église devient obsolète : à quoi ont servi les victimes du prosélytisme, les missionnaires morts pour leur foi, quelle justification pour les martyrs si la vérité est relative et changeante ? À quoi a servi le sacrifice de tant de martyrs sanctifiés, du père de Foucauld et celui des moines de Tibhirine ? Ce point soulevé par Mgr Lefebvre, loin d'être secondaire, était fondamental. Et d'ailleurs Jean Guitton, chrétien déchiré, ne peut s'empêcher d'être d'accord avec lui, sans pour autant rompre cela va de soi avec son ami le pape Paul VI.

Le concile traditionnel dans sa forme introduisait un esprit nouveau en son sein : en faisant appel à tant d'experts ou d'observateurs et de journalistes, il semblait soumettre sa mission à l'examen de l'opinion, de l'actualité, du réel. Surtout à un air du temps profondément marqué par l'influence anglo-saxonne et modelé par le protestantisme. En se voulant réaliste, il déviait fondamentalement de son essence. Il semblait gêné de défendre le surnaturel : il est vrai que devant tant de savants, d'observateurs laïcs, il était difficile de défendre le dogme de l'Immaculée Conception et partant tous les miracles et le surnaturel qui sont l'essence même de la vie de Jésus. En retirant un fil de laine qui composait le tricot, on détricotait l'ensemble sans le vouloir. Car le concile, il ne faut pas l'oublier – ce qui explique tant de malentendus – fut un événement autant théologique, social, que médiatique et politique. Ce qui ouvrait la porte aux interprétations progressistes.

Enfin ce congrès composé d'éminences et de savants semblait peiner à retrouver le simple état d'esprit du fils d'un charpentier qui avec des mots simples, inspirés par Dieu, avait édifié sans effort cette religion qui avait embrasé le monde. Loin d'avoir les effets positifs escomptés Vatican II troubla beaucoup de catholiques. Notamment en France, «fille aînée de l'Église», pays d'élection du christianisme, religion vraiment nourricière de la substance française. On ne peut se promener en France sans qu'elle soit présente partout. Non seulement dans la multitude des églises et des cathédrales, mais dans l'art de ses peintres, dans les chants grégoriens et bien sûr dans sa littérature. Son calendrier, ses jours fériés rythment un temps chrétien. C'est en France que le débat religieux a fleuri : de Saint Louis à Bossuet, de Jeanne d'Arc à Fénelon, de Chateaubriand à Lamennais, de Léon Bloy à Mauriac, l'imprégnation chrétienne marque la sensibilité, les mœurs et la culture.

Jacques Maritain s'en fera l'écho dans *Le Paysan de la Garonne*, ou Jean Guitton dans ses passionnants *Mémoires*. De Gaulle, en grand politique, confie à Alain Peyrefitte la méfiance qu'il éprouve : «Jean XXIII a ouvert toutes grandes les vannes, mais il n'a pas su les refermer. C'est comme si un barrage s'était rompu. Il est dépassé par ce qu'il a déclenché.» Et il ajoutera : «Je crains que le concile ne soit allé trop vite. Il fallait donner un coup de neuf. Mais il a subi l'influence d'une coterie qui prétendait tout révolutionner d'un seul coup. Il y a toujours des gens qui veulent aller si vite qu'ils détruisent tout. Pour construire, il faut mettre le temps de son côté. Je ne suis pas sûr que l'Église ait eu raison de supprimer les processions, les manifestations extérieures du culte, les chants en latin. On a toujours tort de donner l'apparence de se renier, d'avoir honte de soi-même.

Comment voulez-vous que les autres croient en vous, si vous n'y croyez pas vous-même.» Quelle sagesse de grand politique !

La communauté chrétienne tout entière attendait du concile et de l'Église catholique qu'ils réaffirment leurs principes si possible dépoussiérés, mais d'une voix ferme. C'est tout le contraire qui s'est passé. Le concile a laissé les catholiques déboussolés. Inquiets et même désemparés. Le futur Benoît XVI présent au concile se fait l'écho de leurs préoccupations dans son livre *Le Sel de la terre* : «Je suis d'avis que l'on devrait accorder beaucoup plus généreusement à tous ceux qui le souhaitent le droit de conserver l'ancien rite. On ne voit pas d'ailleurs ce que cela aurait de dangereux et d'inacceptable. Une communauté qui déclare soudain strictement interdit ce qui était alors pour elle tout ce qu'il y a de plus sacré et de plus haut, et à qui l'on présente comme inconvenant le regret qu'elle en a, se met elle-même en question.»

L'un des griefs majeurs demeure ce qu'on a appelé la tendance à la protestantialisation de l'Église. Julien Green dans son *Journal* exprime son dépit : «Je me suis converti du protestantisme au catholicisme dans ma jeunesse : la religion de ma mère semblait évacuer le problème de l'Eucharistie dans la liturgie calviniste de la Cène. Après le concile, si j'entre dans une église, je retrouve la liturgie de ma mère : il me semble que j'ai eu tort de me convertir, ou que l'Église romaine est devenue protestante.»

14

L'Église sous influence protestante

> « Le concile n'a pas compris Hiroshima : la transformation de la condition de l'humanité, la possibilité d'un drame capital, la proximité de la fin d'un temps. »
>
> Jean Guitton

Hérésie du christianisme au dire de Chateaubriand, schisme aux yeux de De Gaulle, la religion réformée est-elle compatible avec le catholicisme ? Là est la question. Ne risque-t-elle pas d'entraîner le catholicisme dans une voie qui n'est pas la sienne, le faisant sortir de ses bons vieux gonds traditionnels ? Elle l'a fait réfléchir sur lui-même et par là douter de lui-même. Comme le lui a reproché Charles Maurras, elle lui a inoculé le venin du libre examen qui mène à l'incrédulité. Elle a prôné le dénuement des premiers temps de Bethléem tentant d'expurger par là même au nom de la simplicité l'héritage artistique gréco-romain que sa morale excessivement prude réprouvait. Que celle-ci ait correspondu à un moment de l'histoire de la chrétienté, sa séparation obstinée d'avec l'Église et les persécutions qui en ont résulté ont renforcé sa cohérence. Qu'elle existe par elle-même, sur ses principes, dans sa voie, comme une des familles de la chrétienté, ne posait au fond aucun problème à l'époque moderne. Une chose est pour l'Église de nouer avec elle un dialogue, une autre chose est de se modeler sur elle poussée par l'air du temps. C'est peut-être l'erreur de Vatican II.

Ces deux branches du christianisme ne sont pas de la même essence. Religion du cœur pour l'une, religion de la raison pour l'autre, l'une éprise d'unité, l'autre morcelée en magistères autonomes, elles ont participé à la création de notre civilisation, mais en créant autour d'elles des sociétés de natures différentes. La société américaine ou celles des pays d'Europe du Nord ont des valeurs et des sensibilités qui leur sont propres. Le protestantisme croit aux élus à qui échoit la grâce divine, le catholicisme accorde à chacun la faculté d'être sauvé et regarde le plus misérable comme la figure du Christ. Sinon comment expliquer autrement l'acceptation américaine de l'esclavage puis de la discrimination raciale auxquels l'Europe s'est montrée allergique de toutes ses fibres.

Le catholique est bercé par la croyance aux miracles : il croit que Jésus a marché sur les eaux du lac de Tibériade, changé l'eau en vin à Cana, guéri le paralytique, permis à Lazare de ressortir vivant de son tombeau, il croit à l'Immaculée Conception et à la Vierge Marie. Il y croit car il croit au surnaturel, à une autre vie parallèle à la nôtre où il connaîtra la vérité. Aucune science ne pourra le détromper, car la science ne s'applique pas à éclairer les mystères qui nous aident à vivre et qui apparaissent à de froids observateurs comme des illusions ou des mystifications.

Car entre Luther et le catholicisme, plus tard aussi avec Calvin, la rupture ne s'opère pas seulement autour des mœurs, de la richesse ; elle revêt aussi une portée théologique. Entre Érasme et Luther en particulier, la conception de l'Église et de la liberté chrétienne n'est pas la même. Et il est évident que le débat porte sur les approches différentes de la foi, ce que les contemporains n'avaient sans doute pas vu d'emblée. Quand par la suite Michel de l'Hospital, Bossuet ou Leibniz voudront favoriser une réunification du catholicisme et du protestantisme, ils se heurteront à des obstacles insurmontables. En effet le protestantisme insiste sur la grâce, l'idée de prédestination, de libre examen. Et certains ont même pu voir une forme d'arianisme, cette hérésie des premiers temps du christianisme qui se refuse à considérer Jésus comme un dieu et insiste d'abord sur sa dimension humaine.

Il faut admettre qu'en dépit des nombreuses répressions dont il a été l'objet sous la monarchie, le protestantisme a fini à l'époque moderne par imprégner les esprits. Si le protestantisme n'est pas devenu la religion d'État qu'il se proposait d'être, ses idées ont si bien fait leur chemin que toute notre société a été marquée par son empreinte. Le monde moderne, c'est la religion réformée qui l'a aidé à accoucher, en coupant le cordon ombilical qui le maintenait dans un traditionalisme rural. C'est elle qui a ouvert ses portes à l'industrie, au commerce, à la banque. D'où les incontestables conquêtes que le monde anglo-saxon a faites avant la France. Historiquement le protestantisme a accompagné et soutenu l'essor du capitalisme. Marx et Max Weber ont montré les influences du calvinisme, de l'éthique protestante, sur la conduite professionnelle et les valeurs de réussite sociale. Mais le protestantisme, à force de considérer les manifestations du surnaturel comme des superstitions, l'imagination comme une source d'erreur, l'art comme un dévergondage, un hédonisme peu sérieux, moralement discutable, voire une idolâtrie aux relents païens, n'a pas eu ce rôle de formidable aiguillon artistique qu'a joué le catholicisme.

Le protestantisme a axé son action dans un ordre plus moral : il n'a pas voulu parler à l'imagination mais à la raison, non à l'indigent, mais au lettré, non au peuple mais à ses maîtres. Le protestantisme, fondé sur l'intelligence des textes, sur la lecture, est impensable avant la naissance de l'imprimerie. Il n'a pu se développer qu'avec la croissance des élites sociales.

Il existe un grand clivage entre catholicisme et protestantisme. Par leur sensibilité d'origine, catholicisme et protestantisme s'opposent même si leurs oppositions se sont bien émoussées aujourd'hui. Le catholique a pour le pécheur repenti une insondable tendresse alors que le protestant révère le juste ; l'un réserve sa pitié pour le pauvre, le déshérité, rêve de lui ressembler, et craint la malédiction qui s'attache au riche, alors que l'autre veut construire un monde d'égalité, de justice, de droit. Le catholique garde vis-à-vis de l'intelligence une sorte de défiance : il sait que le monde est d'origine mystérieuse et que le surnaturel affleure à chaque pas : il en attend des miracles. Le protestant, à force d'intelligence et de raison, de remise en cause, arrive vite au doute ; l'incrédulité le menace. Dans son livre *Le Désenchantement du monde*, Marcel Gauchet voit dans le protestantisme, comme Max Weber, un avantage social sur le catholicisme mais il décèle également en lui « une religion de sortie de la religion ». Des tracts d'étudiants protestants de l'université de Tübingen, pour outrés qu'ils soient, révèlent ce divorce : « qu'est la croix de Jésus, sinon l'expression d'une glorification sadomasochiste de la douleur » ou encore : « Le Nouveau Testament est un document d'inhumanité, un moyen de tromper les masses sur une grande envergure. »

Insidieusement, avec le développement de l'éducation, la grande vogue de la science qui nous enserre dans des filets de plus en plus étroits, le fond d'incrédulité hérité de la Révolution, le protestantisme a miné le socle irrationnel du catholicisme. Il lui a donné un air démodé, inadapté à l'époque, tandis que l'Église se sentant affaiblie dialectiquement se raidissait, allant même jusqu'à chercher des appuis dans les partis les plus réactionnaires. Cette perte de l'autorité catholique constitue un terrible manque pour la société française qui avait pris l'habitude de se référer en permanence aux préceptes chrétiens. La République n'avait-elle pas à sa manière laïcisé les recommandations de l'Évangile ? Il n'est pas jusqu'aux vociférations anticléricales, aux orgueilleuses professions d'athéisme qui ne témoignassent que pour ou contre, le catholicisme était considéré comme une loi morale avouée ou contestée. Les Français, dans les grandes occasions, se réfugiaient à Notre-Dame considérée comme la maison commune de la France. Et Jeanne d'Arc était révérée à l'égale de Marianne dans les moments tragiques de notre histoire.

L'Église peu à peu n'a plus soutenu la France. Certes en profondeur les réflexes chrétiens subsistaient, mais le concile, loin d'avoir renforcé l'influence chrétienne en France, l'a affaiblie. Le pouvoir politique semblait considérer ses préceptes moraux comme une lettre morte. Le développement de l'humanisme athée, Mai 68 et ses résurgences à la fois païennes et nietzschéennes, l'empêchaient d'être une référence morale. Elle n'avait plus voix au chapitre dans le domaine éthique : que ce soit en matière de manipulations génétiques, de débats sur le genre, son influence est devenue presque nulle. La personne humaine était avec la philosophie platonicienne l'invention du christianisme. Mais cette personne humaine, l'Église n'a-t-elle pas été impuissante à la faire respecter? Son silence devant l'Holocauste, le goulag, le système soviétique, Hiroshima, est apparu comme un effacement de son magistère. Ses prudences ont entamé gravement son crédit. Enfin elle s'est empêtrée dans des débats d'une casuistique douteuse sur la notion de guerre juste et de riposte proportionnée. Comme si elle pouvait cautionner la guerre et tous les malheurs qui l'accompagnent. Aussi sa voix ne s'entend plus guère.

Cet affaiblissement apparaît aujourd'hui d'autant plus dommageable que l'islam semble, lui, bénéficier d'une dynamique particulière. L'Église, en voulant se rapprocher du monde moderne, a fini par lui ressembler dans sa misérable inculture, son refus du passé. Elle y a peut-être perdu une part de son âme.

Lors d'une des premières séances à laquelle j'assistai à l'Académie, on étudia le mot «minibar», qui aux yeux de certains était inutile en raison de son peu d'utilisation. Alain Peyrefitte intervint, ce fut l'une de ses dernières prises de parole car la mort allait le frapper un mois plus tard.

«Il faut garder ce mot, dit-il. Mon premier adjoint à la mairie de Provins avait reçu une offre afin que la municipalité cède la chaire de la collégiale. Je lui demandai la raison des acquéreurs pour acheter ce meuble d'église devenu inutile. Il me répondit : «C'est pour en faire un minibar.” Le premier adjoint un peu simple confondait minibar et minbar. Bien sûr je refusai. Mais ce mot de minibar gardons-le, car je crains que dans l'avenir nous en entendions beaucoup parler.» Alain Peyrefitte n'avait pas tort.

On ne peut pas dire qu'une Église en plein drame de conscience soit dans la meilleure position pour affronter un islam sans complexe. Tandis que le muezzin appelle les fidèles à la prière et que l'imam du haut de son minbar martèle les principes de sa foi devant les fidèles agenouillés, le prêtre catholique descendu d'une chaire devenue dans l'ombre obsolète, inutile symbole rappelant douloureusement un temps d'orgueil et de gloire, de quelle autorité peut-il se réclamer et quelle vérité peut-il encore proclamer ?

15

Le laïcisme impuissant à contrer l'islam

«Des hommes réels, nul souci :
le Jacobin ne les voit pas. Il n'a pas besoin
de les voir ; les yeux clos, il impose son
monde à la matière humaine qu'il pétrit.»

Taine

J'étais au cœur de l'ennemi héréditaire de ma famille. Pire, je pactisais avec lui.

Pourtant nul désir de transgression ou de révolte ne m'habitait. J'assistais à ma propre initiation à la franc-maçonnerie et c'était un moment grave et impressionnant. Je ne pouvais imaginer un épisode aussi romanesque. Doublement romanesque puisque Tolstoï évoque une initiation dans *Guerre et Paix*. Certes la Grande Loge de France n'était pas la plus virulente en matière d'anticléricalisme et d'athéisme militant. Je devais prêter serment sur la Bible, et après le baptême de l'air, de l'eau et du feu, quand on débanda mes yeux d'ancien profane, une belle carte coloriée retraçant le périple de saint Paul à travers les pays méditerranéens fut la première chose qui me frappa. Ces symboles d'un syncrétisme qui mêlait Hiram, l'architecte du temple de Jérusalem, à la tradition ésotérique du culte d'Isis, ramassait presque toute la symbolique de l'histoire du monde. Même un des signes de reconnaissance, le salut maçonnique, était hérité des pratiques des premiers chrétiens dans les catacombes. Je n'évoquerai pas les circonstances qui m'amenèrent à adhérer à cette société de pensée ni celles qui m'en détachèrent peu à peu. Cela nous ferait sortir par trop de notre sujet.

J'étais heureux d'avoir franchi ce pas pour deux raisons : d'abord parce que j'ai toujours été curieux de la gnose et des rites initiatiques. Et parce que je m'affranchissais d'un lourd héritage de préjugés. C'est pourquoi j'ai toujours eu un faible pour ceux qui refusent les principes tout faits d'une tradition familiale. Rien ne me paraît plus opposé à l'intelligence et à la vie que de demeurer sans examen dans les ornières d'une habitude de pensée. J'aime ceux qui s'en émancipent et décident tout bonnement de penser par eux-mêmes. Bref j'étais fier de moi comme un homme qui a conquis son autonomie pour prendre le chemin de la liberté. Évidemment je n'en touchai pas un mot à mon pauvre père, royaliste, ardent catholique, que mon choix aurait bouleversé.

Bien sûr ce fut une occasion de fréquenter un monde en général éloigné du catholicisme, un monde de libres penseurs, d'athées en tous genres avec lesquels je m'entendais fort bien. Plus tard, au cours d'une conférence que je donnais au Grand Orient, rue Cadet, j'eus l'occasion de renouer avec une obédience beaucoup plus rude dans l'opposition au domaine religieux. De vrais laïcards radicaux, des athées militants, des anticléricaux purs et durs. Mais là encore, en dépit de nos désaccords, les rapports furent cordiaux. Je me souviens d'une discussion sympathique mais animée avec Michel Charasse, qui avait refusé d'entrer dans l'église de Jarnac le jour des obsèques de François Mitterrand. Il était resté sur le parvis avec le labrador. Je lui lançai croyant le déstabiliser : « Vous vous prénommez quand même Michel, qui est le nom d'un archange et ça ne vous gêne pas ? » Il me répondit : « Vous voudriez que je change de prénom et que je me fasse prénommer Messmer ou de Gaulle, comme font les Africains ? »

Ce qui me passionne chez le « laïcard » ou le « laïciste », termes qui peuvent prendre une acception péjorative mais que j'emploie moins dans ce sens que parce qu'il est explicite et que je n'en trouve pas d'autre, c'est sa passion qui ressemble à une ardeur de catholique renversée : une intransigeance et une fermeté dans sa croyance, une passion dans son apostolat, une irritabilité devant les choses spirituelles qui sont pour lui des énigmes qu'il refuse de comprendre. Bref il appartient à cette catégorie d'hommes ou de femmes qui pensent qu'il n'y a rien au-delà de la vie et considèrent que l'existence est, selon la formule de Léon-Paul Fargue « le cabaret du Néant » ; seule l'existence terrestre doit nous occuper sous peine de tomber dans la superstition et l'obscurantisme. Ernst Robert Curtius, encore lui, a analysé leur état d'esprit avec beaucoup de perspicacité : « L'âme française a reçu du catholicisme une empreinte indélébile qui survit souvent à la perte de la foi. La libre pensée française fait preuve dans bien des cas d'une orthodoxie, d'un esprit monastique, de rigorisme moral et d'une hostilité envers le siècle qui rappelle les anciennes disciplines de l'Église. » Par sa virulence, il se distingue du simple athée qui, n'étant pas croyant, reste préoccupé par le spirituel. Camus, Malraux, Lévi-Strauss en offrent des exemples caractéristiques. Malraux, avec le concept de l'anti-destin, transfère l'aspiration spirituelle dans le domaine de l'art devenu une forme de compensation.

En réalité le laïcard français, d'une espèce toute nationale, a les manifestations d'un converti. Il a hérité du catholicisme une tendance à devenir un missionnaire et même un croisé qui se retourne contre la religion avec agressivité. On trouve un phénomène semblable chez les anciens communistes passés à droite : Annie Kriegel au *Figaro* avait beau avoir abjuré le marxisme-léninisme, elle restait aussi rigide et sectaire, et volontiers maniaque de l'exclusion, avec les journalistes de droite qu'elle fréquentait que lorsqu'elle siégeait dans sa cellule d'Aubervilliers et accusait un camarade de déviationnisme. Le néophyte garde les réflexes propres à son ancienne croyance. Défroqué, inconscient de la persistance de son appartenance passée, il est d'autant plus irréligieux qu'il sent inconsciemment à quel point le christianisme l'a forcément imprégné.

C'est sans doute pourquoi l'athéisme et l'anticléricalisme revêtent en France cette forme outrée de la part d'hommes qui peuvent par ailleurs se montrer paisibles et modérés. La religion suffit à soulever leurs passions. Même s'il m'arrive de rompre des lances avec eux, je ne les en mésestime pas pour autant. Sans doute à d'autres époques aurais-je été moi aussi mécontent de voir l'Église, soucieuse de ses seuls intérêts, outrepasser son rôle et s'immiscer pour des avantages corporatifs dans l'État, comme ce fut le cas sous Vichy, le régime de Franco et nombre de dictatures d'Amérique latine.

D'autant que le catholicisme a été à la base de l'autorité monarchique, la soutenant, et se servant l'un de l'autre pour la répression de leurs adversaires : les hérétiques et schismatiques pour l'un, les ennemis de l'État pour la monarchie. De là sont nées beaucoup de rancœurs et de haines, notamment après des condamnations à mort pour blasphème comme ce fut le cas pour le chevalier de La Barre dont une loge maçonnique porte le nom. La Révolution a fait naître un nouveau type d'homme dans lequel se concentre toute cette amertume antireligieuse : le Jacobin.

Son esprit s'alimente à des abstractions, ironise Taine, « l'homme en général, les droits de l'homme, le contrat social, la liberté, l'égalité, la raison, la nature, le peuple, les tyrans, voilà ces notions élémentaires [qui] remplissent le cerveau du nouveau sectaire. [...] Des hommes réels, nul souci : il ne les voit pas ; il n'a pas besoin de les voir ; les yeux clos, il impose son moule à la matière humaine qu'il pétrit ; jamais il ne songe à se figurer d'avance cette matière multiple, ondoyante et complexe, des paysans, des artisans, des bourgeois, des curés, des nobles contemporains, à leur charrue, dans leur jardin, à leur bureau. [...] Rien de tout cela ne peut entrer ni se loger dans son esprit ; les avenues en sont bouchées par le principe abstrait qui s'y étale et prend pour lui seul toute la place. »

À ce panthéon de symboles, on pourrait ajouter la République. On la vénère aujourd'hui comme une madone. On la divinise. Les hommes publics semblent la préférer à une idée plus large, la France. Manuel Valls, Xavier Bertrand, et quasiment toute la classe politique, se réfèrent sans cesse dans leurs proclamations à cette idée. La mise à l'écart du mot France au profit du terme République est significative d'une longue désaffection nationale (dans le cadre de l'Europe, la nation est considérée comme un frein) d'un rejet politique et philosophique d'une nation pourtant deux fois millénaire. Mais aux yeux des laïcards, la France est compromise avec des hommes au parfum sulfureux, monarques, hommes providentiels, ou généraux peu enclins à respecter les processus démocratiques (de Gaulle excepté qui pourtant n'a pas été un adulateur de la République).

Pourtant ce régime républicain, à y regarder de plus près, ne s'est pas comporté de manière beaucoup plus morale que la monarchie : au risque d'être accusé de blasphème – le blasphème républicain existe nous l'avons vu –, disons que ses grands serviteurs ont constitué des castes de privilégiés, et tout comme la noblesse d'autrefois, ils se sont adonnés autant à la prévarication qu'au népotisme et n'ont pas hésité à se livrer à des guerres avec la même fureur sanglante que les rois. N'ont-ils pas avec hypocrisie malmené leurs principes : où est le droit des peuples à disposer d'eux-mêmes dans les conquêtes coloniales ? Clemenceau n'a pas hésité à mettre Jules Ferry en face de ses contradictions au moment de la conquête du Tonkin, s'insurgeant contre la notion de races supérieures devant civiliser des civilisations inférieures : « N'essayons pas de revêtir la violence du nom hypocrite de civilisation ; ne parlons pas de droit, de devoir. La conquête que vous préconisez, c'est l'abus pur et simple de la force que donne la civilisation scientifique sur les civilisations rudimentaires, pour s'approprier l'homme, le torturer, en extraire toute la force qui est en lui au profit du prétendu civilisateur. » Mais cette République si imbue de ses principes en quoi a-t-elle été plus morale ? Certainement pas en arrosant de gaz les populations civiles marocaines lors de la guerre du Rif, en massacrant allègrement les populations de Madagascar en 1947, près de soixante mille morts exécutés par le très républicain général de Chevigné, ou les tortures et exécutions sommaires pratiquées en Algérie sous le non moins républicain Guy Mollet.

Mais la religion en général, le catholicisme en particulier inspire au laïcard la même fureur qu'au taureau la cape rouge du matador. Parce que celle-ci incarne tout ce qui déroute sa raison raisonnante : inaccessible à la prière, au monde enchanté des mystères, des croyances, à l'espérance, à la douceur du pardon, il vit dans un puits de solitude qu'il compense par des relations avec d'autres hommes ou femmes qui pensent comme lui.

On comprend dans ces conditions que l'islam lui soit insupportable comme l'était le catholicisme : sauf que cette question de l'islam en recoupe beaucoup d'autres : problèmes de l'immigration, choc des cultures, difficulté à admettre des pratiques sociales ou vestimentaires comme le voile. Et bien sûr les épouvantables attentats criminels des islamistes dont l'horreur, qu'on le veuille ou non, a tendance à rejaillir sur la communauté. D'où ce combat mené à la fois par le gouvernement, le parlement et nombre d'intellectuels, pour que les musulmans donnent des gages de leur acceptation de la République. Cela a été le but du projet de loi d'Emmanuel Macron pour renforcer les principes républicains. En fait seule la question de l'islam pose problème. Beaucoup pensent qu'en dehors de ses fatwas criminelles, de crimes commis par des islamistes fanatiques, cette religion par le peu de place qu'elle concède à la femme, ainsi que par beaucoup de ses prescriptions, est incompatible avec les lois et les traditions républicaines. D'où le projet d'amener les responsables du culte musulman à signer une charte qui entérinerait la conception de ces valeurs démocratiques. Sans entrer dans ce débat sur le caractère pernicieux ou non de l'islam, disons que le problème fondamental se situe ailleurs.

En effet l'idée du Grand Orient et de tous ceux qui ont une conception, à mon avis exagérément laïque, militante, c'est de détruire le plus possible le principe religieux, d'en contester la nécessité, et d'espérer entraîner l'État et les citoyens à partager leur conception d'un humanisme athée. Avec certainement une grande bonne foi, ils préjugent que de la religion effacée naîtra une société de concorde. Et c'est peut-être là leur erreur. L'islam est aujourd'hui une religion conquérante en France, non à cause de sa force propre, même si elle n'existe qu'à proportion de la lente disparition des remparts qui en protégeaient notre pays. Et ce qui est en jeu aujourd'hui, ce n'est rien d'autre que la civilisation judéo-chrétienne. La civilisation a toujours été inséparable de la religion, même si elle en laïcise certains principes. C'est vrai pour le christianisme comme pour l'islam. Le christianisme, loin de renier certains apports artistiques du paganisme antique, s'en est profondément inspiré. Jusqu'au XXe siècle il n'a cessé d'enrichir le patrimoine artistique et la littérature, et au-delà les mœurs, les lois, le système social dont nous avons hérité.

Si on peut comprendre les appréhensions des laïcs et de beaucoup d'autres sur le risque de grands bouleversements religieux que peut opérer l'islam, ceux-ci font fausse route en s'obnubilant sur leur combat contre lui. Car la menace porte sur l'avenir, quand nous serons enlisés un peu plus dans un monde sans horizon, ultra-matérialiste, façonné par les multinationales, nourri de consommation, de niaiseries, de pornographie. D'autant que comme nous l'apprend l'histoire, les périodes d'extrême liberté frisant l'anarchie suscitent souvent une aspiration à la servitude. Pour ces raisons l'islam risque alors d'apparaître comme une issue morale et une planche de salut spirituelle pour ceux que le christianisme aura déçus ou ne convaincra plus, sans pour autant qu'ils adhèrent au culte laïc. Et ce serait alors une autre révolution, une recomposition complète de nos valeurs.

Aussi cette question en apparence religieuse dépasse-t-elle celle des croyances : l'enjeu est de savoir si notre civilisation sera submergée par la civilisation islamique. Car c'est elle qui par le biais religieux est en cause. Mais aurons-nous seulement le courage d'en prendre conscience et de répudier nos préjugés laïcs afin de pouvoir renforcer les valeurs de ce christianisme dont la lente désagrégation offre à l'islam un terrain d'élection ?

Ces étoiles, legs d'un judéo-christianisme nullement incompatible avec la laïcité, n'avons-nous pas intérêt à les faire resplendir plutôt que de nous obstiner à les éteindre, non tant par la croyance qui appartient à la conscience, mais par la défense de l'architecture culturelle et spirituelle qui les porte ? Sinon, nous risquons de voir l'islam les rallumer à son profit.

16

Divinisation de la République ou sursaut chrétien ?

> « Ô République, ô notre sainte mère République, priez pour nous. »
>
> Prière à Sainte République, patronne des arbres de la liberté

Devant le danger que représente un islam d'autant plus conquérant que nous n'avons à lui offrir qu'une réponse faible, que peut-on faire ? Le gouvernement suivant les préconisations du président Macron dans ses discours des Mureaux et des Bernardins s'est lancé dans l'élaboration d'une loi contre le séparatisme, plus précisément pour renforcer les principes républicains, qui tend étrangement à contrôler tous les extrémistes religieux. Alors qu'en réalité, sans le dire, il ne visait que l'islam. Qu'il y ait là une volonté de résoudre un problème complexe qui s'est enkysté dans la société française depuis de longues années sans qu'on tente de lui porter remède, c'est compréhensible. Ce qui est moins judicieux, c'est l'état d'esprit qui a présidé à ce projet de loi. Il a induit une sorte de divinisation de la République et de religion de l'athéisme. C'est ce qu'ont relevé avec beaucoup de commentateurs les représentants du protestantisme et le grand-rabbin Korsia qui soupçonne ce texte « de laisser penser que les religions seraient un facteur de déstabilisation de la République ». Et il ajoute : « La laïcité ne peut être utilisée pour fonder une société athée. » Ce qui risque bien d'être le cas. Outre le fait que ce projet de loi ait eu pour but de résoudre le problème que pose l'islam autant que de concurrencer les proclamations anti-islamiques du parti de Marine Le Pen, il risque de n'être qu'un coup d'épée dans l'eau et de créer plus de problèmes qu'il n'offre de solutions. Même si on aurait mauvaise grâce à rejeter toutes ses propositions en bloc, c'est la philosophie de ce projet qui semble à côté de la plaque. Et d'ailleurs ce texte n'a pas manqué de provoquer au sein de l'Assemblée nationale un certain nombre de propos antichrétiens, dont certains venant notamment des députés de la France insoumise, qui contestaient le port du voile de mariée comme étant assimilable à une soumission de la femme ou d'autres balivernes concernant le consentement des enfants lors de leur première communion.

Ou encore Gérald Darmanin déclarant que « la loi de Dieu n'est pas au-dessus des lois de la République », ce qui a évidemment suscité une polémique. Le ministre de l'Intérieur aveuglé par son sujet semble ne pas avoir réfléchi aux conséquences qu'impliquait son assertion : les courageux militaires qui ont sauvé les harkis des massacres en 1962, les Justes qui ont sauvé des juifs pendant l'Occupation, les écrivains qui ont protesté contre la torture opérée par les forces républicaines en Algérie, Zola lui-même en prenant la défense de Dreyfus, à quoi ont-ils obéi sinon à une injonction située au-dessus des lois de la République ?

Celle-ci peut s'appeler la conscience ou se nommer Dieu. Le gouvernement et ceux qui l'ont précédé n'ont cessé de prôner la laïcité comme moyen de défendre la République contre les formes que peut revêtir la pression de l'islam. Déjà cette insistance sur le terme « république » indique un a priori. Certes personne ne conteste plus vraiment le régime qui régit la France. Néanmoins on comprend mal qu'il se soit peu à peu substitué au terme de France qui est pourtant d'une acception plus large et plus ancienne. Est-ce parce que la France est elle-même suspecte d'avoir eu d'autres régimes pas toujours républicains et n'ayant pas prôné la laïcité avec autant de vigueur que la République ? La laïcité, et surtout ses partisans acharnés, véritables militants, laïcards ou laïcistes, font aujourd'hui la preuve sinon de leur échec du moins de leur impuissance pour contenir la montée de l'islam. Ceux-ci semblent ne parler d'ailleurs que pour eux-mêmes : ils sont leurs seuls interlocuteurs puisqu'ils croient détenir une vérité indiscutable.

Les catholiques, les juifs et les protestants sont en bien meilleure position pour parler aux musulmans que ne le sont les laïcards. Cela pour une raison simple : l'athéisme pour un musulman représente l'abomination de la désolation. Il peut l'accepter à contrecœur, non respecter celui qui le professe. Cela dit le monde laïc n'est pas à l'abri non plus d'être à son corps défendant un propagateur de l'islamisme. On le voit avec le développement d'un mouvement que l'essayiste Pierre-André Taguieff avait naguère baptisé d'islamo-gauchisme. Il y a eu en effet à la faveur des déchirements coloniaux des liens très étroits entre militants marxistes et islamistes radicaux se réclamant les uns et les autres de la lutte contre l'impérialisme et l'américano-sionisme. Taguieff faisait remonter cette collusion à la première intifada qui avait mêlé des manifestants trotskistes de la Ligue communiste révolutionnaire et des militants pro-palestiniens. Ce qui leur vaudra l'appellation de « gauchistes d'Allah ». Mais d'autres auteurs, comme Jean Birnbaum, dans son livre *Un silence religieux*, font remonter ces connexions à l'époque de la guerre d'Algérie. Birnbaum analysait notamment le malaise des militants de la gauche marxiste devant un phénomène religieux qu'enfermés dans des structures mentales matérialistes, ils étaient incapables d'appréhender. Nul doute qu'il n'y ait là encore un vecteur de propagation de l'islamisme dans le monde étudiant et les milieux universitaires.

L'avocat Jacques Vergès illustre bien ce parcours de l'anticolonialisme jusqu'à la conversion à l'islam.

Le risque, aujourd'hui, c'est de se trouver dans l'impasse que l'on a connue au cours de notre histoire, au XVIIe siècle, dans la confrontation avec les protestants. Eux non plus n'acceptaient pas de se plier aux lois en vigueur, et exigeaient le respect de leur particularisme. Cette impasse a abouti à la Saint-Barthélémy puis, avec la révocation de l'édit de Nantes, à l'expulsion de toute une communauté. Même si nous n'en sommes pas aux violences partisanes qui ont ensanglanté les guerres de religion, certains ne sont pas loin d'envisager des solutions radicales pour mettre l'islam au pas. Le danger serait grand de voir les deux communautés s'affronter et entrer dans une spirale de la violence. La sagesse reste donc d'envisager comment nous pouvons juguler la dynamique islamiste en offrant aux musulmans un modèle social et philosophique plus riche spirituellement.

C'est donc seulement sur une inversion de cette philosophie matérialiste qu'il existe une chance de pouvoir dialoguer avec les musulmans. Car y a-t-il une autre solution que d'amener les six millions de fidèles de l'islam, qui seront quinze millions dans vingt ans et trente millions dans quarante ans, à mieux s'insérer dans la communauté nationale ? Mais leur insertion, autant que notre force dans ce dialogue, ne consiste pas à s'entêter dans cet anticléricalisme et cet athéisme hérités des querelles qui ont abouti à la loi de 1905. Il est nécessaire d'opérer dans ce domaine une révolution copernicienne en revenant à ce qui est constitutif de ce que nous sommes : un pays judéo-chrétien, qui, s'il laisse à chacun la liberté de conscience et de culte, ne renie cependant pas le socle religieux et culturel sur lequel il repose. Mais au contraire le revendique.

Pourquoi dans ces conditions ne pas en venir au régime d'un « nouveau Concordat », idée lancée par le président Macron lors de son discours des Mureaux mais qui s'est diluée et affadie dans le projet de loi sur le séparatisme présenté à l'Assemblée nationale. Il s'agissait de tenter de résoudre la question de l'islam « en s'inspirant fortement de notre histoire, de l'histoire des catholiques et de celle des protestants » n'excluant pas dans ce but « ni la possibilité d'un financement public ni la formation des imams » ; un régime qui fonctionne en Alsace et en Moselle à la satisfaction de tous – seul François Hollande jamais en retard d'une bévue avait programmé sa disparition – et qui tout en préservant une conception de la laïcité admet l'existence de Dieu. Ce Concordat élaboré par Napoléon en 1802 pour régler la question religieuse a l'avantage de ne pas nier la religion, le catholicisme qui est celle « de la grande majorité des Français ». Sous ce régime, les religions ont un statut, les prêtres, les pasteurs et les rabbins sont rétribués. Les cours d'instruction religieuse sont enseignés. Seule différence notable avec notre système, le blasphème n'était pas autorisé, il était symboliquement réprouvé par la loi. Bien sûr il faut imaginer pouvoir assurer à l'islam une représentation que la diversité de ses obédiences ne rend souvent pas aisée. Dès lors les représentants du CFCM – qui en ont d'ailleurs manifesté le souhait en Alsace et en Moselle – deviendraient partie prenante de ce Concordat. Ils en tireraient l'avantage d'être subventionnés par les collectivités locales au même titre que les représentants des autres religions, ce qui pourrait aider à régler la question des financements étrangers, notamment turcs, qui ne sont pas sans poser le problème de l'intrusion des gouvernements étrangers dans la politique française. Le système du Concordat, tout en maintenant l'idée de la laïcité, a l'avantage d'accepter l'existence des religions. Il reconnaît en même temps leur droit à être enseignées et leur apport essentiel dans l'ordre culturel, leur légitimité à n'être ni bafouées ni l'objet de blasphèmes.

Ce régime est étendu au système scolaire. La formation des enseignants de l'enseignement religieux est assurée par les deux instituts universitaires de formation d'Alsace et de Lorraine pour le primaire et le secondaire. « L'enseignement religieux est dispensé par des personnes proposées par les autorités religieuses respectives et agréés par le Rectorat. Il est obligatoire mais peut faire l'objet d'une dispense sur simple demande.»

Car, comme nous l'avons vu, c'est à une réflexion sur le modèle français que nous devons revenir, et nous interroger sur la pauvreté de cette forme de religion athée que prône plus ou moins ouvertement la République. La question n'est évidemment pas de vouloir rechristianiser les Français, d'essayer de leur faire reprendre le chemin des églises, mais de les aider à comprendre l'acquis religieux, et bien évidemment culturel puisque les deux sont liés, sur lequel se fondent l'identité nationale et la civilisation française.

Les laïcards et laïcistes devraient prendre conscience que, si respectable que soit leur point de vue, il ne peut mener qu'à une impasse. Être athée, agnostique, est une position individuelle tout à fait valable, (qui songerait à la reprocher à quiconque ?), mais elle ne peut être un modèle durable pour une société. Sauf à prendre le risque d'être supplanté par une autre croyance. Car le laïcisme ne peut en aucun cas apparaître comme une religion. C'est un dogme froid comme un règlement administratif, raisonnable comme une admonestation médicale, qui ne parle qu'à l'intelligence et non au cœur, aussi peu aguichant qu'une salle de mairie ou qu'un discours de sous-préfet. Dans les circonstances tragiques, les malheurs que les hommes et les femmes connaissent tous, au cours desquels le cœur saigne si fort, où le désespoir guette, quel réconfort peut-il nous apporter ? Et au moment de mourir, quelle espérance ? Enfin, dernière limite, croient-ils les tenants de ce dogme qu'après avoir participé avec bien d'autres à l'affaiblissement du catholicisme, ils resteront seuls un rempart vraiment efficace face à l'islam ? Comment n'ont-ils pas eux-mêmes conscience de leur faiblesse spirituelle ? La communion des saints est difficilement applicable aux grandes figures républicaines. Quel pardon, quelles ressources métaphysiques attendre des mânes du petit père Combes ou de Marcellin Berthelot ? Et dans les fêtes carillonnées, ce n'est pas le culte des icônes républicaines dans leur berceau, si gracieuses soient-elles, même dans une crèche entre le bœuf et l'âne gris, qui nous aidera à recréer les enchantements de Noël.

Les laïcistes peuvent-ils croire un instant qu'ils seront capables par leur seule incantation à Jules Ferry et à Jean Jaurès de conjurer l'angoisse que le monde éprouve d'être aujourd'hui au bord d'une « catastrophe universelle » pour employer l'expression pessimiste de Jean-Paul II, ou, dans un autre ordre, d'endiguer le tsunami islamiste qui, par la double insinuation de la persuasion et de la violence, risque de vouloir s'imposer. Car au-delà de l'horrible image de fanatisme, de violence barbare que donnent les crimes des islamistes, au-delà des principes sociaux antipathiques à nos yeux d'Européens dorlotés dans les principes humanistes et démocratiques, il existe une séduction spirituelle discrète de l'islam, notamment dans le soufisme à laquelle ont été sensibles des âmes aussi tourmentées et éprises d'absolu qu'Isabelle Eberhardt et Louis Massignon. Le laïcisme est une position qui n'est forte qu'en apparence, sur le papier, en réalité elle est aussi peu défendable que la ligne Maginot. C'est un rempart mal placé sans tenir compte du terrain, qui est de l'ordre de l'enjeu spirituel.

La solution, nous ne pouvons la trouver qu'en nous-mêmes. Dans cet héritage religieux et culturel qui a assuré notre force. C'est ce legs qui est menacé. Parce que nous n'avons plus confiance dans son pouvoir d'attraction et de persuasion. L'islam n'est une menace qu'en raison de l'abandon de tout ce qui a fait notre force. C'est vrai pour l'État de plus en plus déficient, c'est vrai pour le christianisme en perte de vitesse, c'est vrai pour nous tous qui acceptons dans l'indifférence, comme inéluctable, l'éclipse d'une civilisation qui a fait notre richesse.

Il faut que nous ouvrions les yeux sur tout ce qui nous constitue ; certes sur la République, dont il n'est pas question de nier l'importance ni le consensus qui s'est créé autour d'elle, mais au-delà sur cette histoire judéo-chrétienne qui nous a façonnés, le Moyen Âge des cathédrales artistiquement et spirituellement si riche, la monarchie qui a réussi à unifier une France disparate, l'Empire napoléonien qui a réussi à préserver et à nourrir les acquis de la Révolution.

Et aussi sur tous ceux qui artistiquement et intellectuellement ont illustré cette histoire : Rabelais, Montaigne, Poussin, Pascal, Bossuet, Racine, ont participé à l'élaboration d'une civilisation à partir des valeurs chrétiennes.

Dans cette prise de conscience de ce que nous sommes, l'Église ne peut rester indifférente. Certes le pape François semble avoir renoncé à l'Europe et particulièrement à la France. Désormais il identifie le catholicisme plus au monde chrétien qu'à son bassin d'origine. Pourtant les Français ne pourront sortir de leur marasme sans chercher un appui dans une Église qui doit retrouver, sinon toute la place qu'elle occupait autrefois, du moins une partie de son rôle de guide moral et spirituel. Il faut pour cela qu'elle renoue avec la richesse de son passé, les enchantements de son fabuleux patrimoine : qu'elle renoue avec Bossuet, avec Botticelli, avec Michel-Ange, avec les oratorios de Bach et de Haendel sans crainte d'être accusée de passéisme. Les orthodoxes fidèles à leur liturgie comme les juifs ne le craignent pas. Ce qu'on a considéré longtemps comme une vérité ne peut, comme le dit Benoît XVI, être considéré à présent comme une erreur.

L'Église, si elle veut renouer avec les fidèles qui la délaissent, doit retrouver l'élan artistique qui a fait sa force et a diffusé son message. Elle doit procéder à l'équivalent d'une Contre-Réforme, revenir à cette réforme chrétienne qui lui a permis au XVIIe siècle d'affronter victorieusement un protestantisme qui la mettait en cause. En refusant de céder au doute mais au contraire en s'affirmant, elle a réussi à conjurer le schisme qui risquait de la faire disparaître. C'est de cette même force et croyance en elle-même dont elle doit faire preuve face à la montée de l'islam.

L'église, la cathédrale doivent redevenir ce qu'elles ont cessé d'être depuis que le catholicisme contemporain les a dépossédées de leurs enchantements : un lieu hors du monde laïc même s'il demeure étroitement et passionnément en lien avec ses drames et ses souffrances ; un lieu de beauté, de magie et de mystère. On n'y vient pas pour retrouver l'écho d'un monde prosaïque et médiocre, mais pour se plonger dans les sortilèges du surnaturel. Pour retrouver la vérité dans une forêt de symboles, pour entendre une messe dans cette langue latine qui illustrait l'universalité de l'Église et entendre la parole de Dieu du haut de cette chaire abandonnée. Pourquoi, pour quel bénéfice, cette Église est-elle redescendue sur terre ? C'est de haut, du ciel, qu'on voulait qu'elle nous parle.

FIN

Bibliographie

Bartolomé et Lucile Bennassar, *Les Chrétiens d'Allah*, Perrin, 1991

Emmanuel Berl, *La Mort de la pensée bourgeoise*, Paris, Robert Laffont, 1992

Jean Birnbaum, *Un silence religieux*, Paris, Seuil, 2016

Jean-Denis Bredin, *L'Affaire*, Paris, Fayard, 1993

Chateaubriand, préface au *Paradis perdu* de Milton, Paris, Renault, 1861

Ernst-Robert Curtius, *Essai sur la France*, Paris, édition de l'Aube, 2017

Xavier Darcos, *Virgile, notre vigie*, Paris, Fayard, 2017

Xavier Darcos, *Ovide*, Fayard, 2020

Jean Delumeau, *Le Christianisme va-t-il mourir ?*, Paris, Hachette Littérature, 1977

Jean-André Faucher, *Histoire de la Franc-Maçonnerie en France*, Paris, Nouvelles Éditions latines, 2003

Jean Guitton, *Un siècle, une vie*, Paris, Robert Laffont, 1988

Le Christ écartelé, Paris, Perrin, 1963

Cardinal Henri de Lubac, *Le Drame de l'humanisme athée*, Paris, édition du Cerf, 1999

Jacques Maritain, *Le Paysan de la Garonne*, Paris, Desclée de Brouwer, 1966

Jules Michelet, *La Bible de l'Humanité*, Éditions complexe, 1999

Vincent Mongaillard, *Je vous pardonne tous vos péchés*, édition de l'Opportun, 2021

Étienne de Montety, *La Grande Épreuve*, Paris, Stock, 2020

Cardinal Ratzinger, *Le Sel de la terre*, Paris, Flammarion, 2005

René Rémond, *Le Nouvel Anti-christianisme* (Entretiens avec Marc Leboucher), D'esclée de Brouwer, 2005

Ernest Renan, *Histoire des origines du christianisme*, Paris, Robert Laffont, Bouquins, 2012

Friederich Sieburg, *Dieu est-il Français ?,* Paris, Grasset, Cahiers Rouges, 1991

Dale K. van Kley, *Les Origines religieuses de la Révolution française*, Seuil, 1975

Paul Veyne, *Les Grecs ont-ils cru à leurs mythes,* Paris, Seuil, 2012

Table

DU MÊME AUTEUR

La Fuite en Pologne, roman, Grasset, 1974
La Blessure de Georges Aslo, roman, Grasset, 1975
Les Feux du pouvoir, roman, Grasset, 1977 (prix Interallié)
Le Mythomane, roman, Grasset, 1980
Avant-guerre, roman, Grasset, 1983 (prix Renaudot)
Ils ont choisi la nuit, essai, Grasset, 1985
Le Cavalier blessé, roman, Grasset, 1987
La Femme de proie, roman, Grasset, 1989
Le Voleur de jeunesse, roman, Grasset, 1990
Le Goût du malheur, roman, Gallimard, 1993
Omar, la construction d'un coupable, essai, de Fallois, 1994
Morny, un voluptueux au pouvoir, biographie, Gallimard, 1995
L'Invention de l'amour, roman, Grasset, 1997
La Noblesse des vaincus, essai, Grasset, 1998
Bernis, le cardinal des plaisirs, biographie, Gallimard, 1998
Une jeunesse à l'ombre de la lumière, roman, Gallimard, 2000
Discours de réception à l'Académie française, Grasset, 2000
Une famille dans l'impressionnisme, Gallimard, 2001
Nous ne savons pas aimer, roman, Gallimard, 2002
Adieu à la France qui s'en va, essai, Grasset, 2003

Libertins et chrétiens, entretien avec Marc Leboucher, Desclée de Brouwer, 2004

Mes fauves, essai, Grasset, 2005

Le Scandale, roman, Gallimard, 2006

Gorki, l'exilé de Capri, 2006. Pièce de théâtre mise en scène par Jacques Rosner, Espace Pierre-Cardin, L'Avant-scène.

Devoir d'insolence, essai, Grasset, 2008

Cette opposition qui s'appelle la vie, essai, Grasset, 2009

La Guerre amoureuse, roman, Gallimard, 2011

Napoléon ou la destinée, biographie, Gallimard, 2012

Ne pars pas avant moi, roman, Gallimard, 2014

Ces amis qui enchantent la vie, anthologie, Robert Laffont, 2015

Les Romans de l'amour et du pouvoir, Bouquins, Robert Laffont, 2016

Une jeunesse perdue, roman, Gallimard, 2017

Le Psychodrame français, essai, Robert Laffont, 2017

La Vérité sur la comtesse Berdaiev, roman, Gallimard, 2018

Dictionnaire amoureux de Jean d'Ormesson, Plon, 2019

Les Aventuriers du pouvoir, Bouquins, Robert Laffont, 2019

Ils voyagèrent vers des pays perdus, roman, Albin Michel, 2021

La photocomposition de cet ouvrage
a été réalisée par
GRAPHIC HAINAUT
30, rue Pierre Mathieu
59410 Anzin

Imprimé en France par CPI
en octobre 2021

MIXTE
Papier
FSC® C003309

L'éditeur de cet ouvrage s'engage dans une démarche
de certification FSC® qui contribue à la préservation
des forêts pour les générations futures.

Pour en savoir plus :
www.editis.com/engagement-rse/

N° d'édition : 63288/03
N° d'impression : 166808